T0282131

El cerebro
en duelo

MARY-FRANCES O'CONNOR

El cerebro
en duelo

*La sorprendente ciencia de cómo
aprendemos del amor y de la pérdida*

EDICIONES OBELISCO

Si este libro le ha interesado y desea que le mantengamos informado
de nuestras publicaciones, escríbanos indicándonos qué temas son de su interés (Astrología,
Autoayuda, Ciencias Ocultas, Artes Marciales, Naturismo, Espiritualidad, Tradición…)
y gustosamente le complaceremos.

Puede consultar nuestro catálogo en www.edicionesobelisco.com

Colección Psicología
EL CEREBRO EN DUELO
Mary-Frances O'connor

1.ª edición: noviembre de 2023

Título original: *The Grieving Brain*

Traducción: *Verónica d'Ornellas*
Maquetación: *Marga Benavides*
Corrección: *Sara Moreno*
Diseño de cubierta: *Enrique Iborra*

© 2022, O'connor Productions, Inc.
Libro publicado por acuerdo con DeFiore and Company Literary Management, Inc
(Reservados todos los derechos)
© 2023, Ediciones Obelisco, S. L.
(Reservados los derechos para la presente edición)

Edita: Ediciones Obelisco, S. L.
Collita, 23-25 Pol. Ind. Molí de la Bastida
08191 Rubí - Barcelona - España
Tel. 93 309 85 25
E-mail: info@edicionesobelisco.com

ISBN: 978-84-1172-063-2
DL B 18263-2023

Impreso en España en los talleres gráficos de Romanyà/Valls, S. A.
Verdaguer, 1 - 08786 Capellades (Barcelona)

Printed in Spain

Para Anna,
quien me enseñó que en la vida no sólo hay dolor

Introducción

Desde que existen las relaciones humanas, hemos batallado con el dolor abrumador que sentimos tras la muerte de un ser querido. Poetas, escritores y artistas nos han proporcionado conmovedoras representaciones de la naturaleza casi indescriptible de la pérdida, la amputación de una parte de nosotros mismos, o una ausencia que parece caer sobre nosotros como un manto muy pesado. Como seres humanos que somos, nos sentimos obligados a tratar de explicar nuestra aflicción, a describir lo que se significa llevar esa carga. En el siglo xx, algunos psiquiatras (Sigmund Freud, Elisabeth Kübler-Ross y otros) empezaron a describir, desde una perspectiva más objetiva, lo que las personas que entrevistaban sentían durante el duelo, y observaron patrones y similitudes significativos entre ellas. En la literatura científica se escribieron unas descripciones magníficas del «qué» de la aflicción: qué se siente, qué problemas causa e incluso qué reacciones corporales se producen.

Pero yo siempre quise entender el *porqué*, y no solo el *qué*. ¿Por qué es tan dolorosa la aflicción? ¿Por qué la muerte, la ausencia permanente de esa persona a la que uno estaba unido, tiene como consecuencia unos sentimientos tan devastadores y provoca comportamientos y creencias que son inexplicables, incluso para uno mismo? Tenía la certeza de que parte de la respuesta podría encontrarse en el cerebro, el lugar donde se encuentran nuestros pensamientos y sentimientos, nuestras motivaciones y nuestros comportamientos. Si pudiéramos verlo desde la perspectiva de lo que el cerebro hace durante el duelo, quizás podríamos encontrar el *cómo* y eso nos ayudaría a entender el *porqué*.

A menudo, la gente me pregunta qué me motivó a estudiar la aflicción y a convertirme en investigadora del tema. Creo que normalmente me lo preguntan por simple curiosidad, pero también quizás porque quieren saber si pueden confiar en mí. Tú, que estás leyendo esto, quizás también quieras saber si la he experimentado, si he pasado por la noche oscura de la muerte y la pérdida, si conozco aquello de lo que estoy hablando y que estoy estudiando. El dolor que he experimentado no ha sido peor que el dolor de otras personas con las que he hablado, que describen su pérdida y cómo su vida se hizo añicos después de ella. Pero yo sí he conocido la pérdida. Cuando estaba en octavo, mi madre fue diagnosticada con cáncer de mama en etapa IV. Había células cancerosas en todos los ganglios linfáticos que el cirujano extrajo cuando realizó su mastectomía, de manera que supo que ya se habían desplazado a otras partes de su cuerpo. Dado que yo sólo tenía trece años, no supe hasta varios años más tarde que se suponía que mi madre solo sobreviviría ese año. Pero sabía que la aflicción había llegado a nuestra casa, alterando la vida de nuestra familia, que ya estaba pasando por momentos difíciles debido a la separación de nuestros padres y a la depresión de mi madre. Esa casa se encontraba en lo alto de las Montañas Rocosas del norte, cerca de la divisoria continental, en un pueblo rural en el que había una pequeña universidad, en la que mi padre era profesor. El oncólogo de mi madre la describía como su «primer milagro», pues ella vivió trece años más: un respiro que el universo les dio a sus dos hijas adolescentes (mi hermana mayor y yo). Pero en ese mundo, yo era el tónico emocional de mi madre, la reguladora de su estado de ánimo. Mi partida para estudiar en una universidad, aunque fue beneficiosa para mi desarrollo, no hizo más que empeorar su depresión. Por lo tanto, mi deseo de entender la aflicción no se originó por la experiencia a la que me enfrenté tras su muerte, cuando yo tenía veintiséis años, sino por el deseo de comprender la aflicción y el dolor de mi madre en retrospectiva, y para saber qué podría haber hecho para ayudarla.

Me marché a estudiar a la Universidad Northwestern, en las afueras de Chicago, ansiosa por escapar de la vida rural, por ir a la universidad en una ciudad en la cual en una sola manzana trabajaban más personas que todas las que vivían en mi pueblo. La primera vez que me encontré con una mención de una neuroimagen funcional fue cuando leí unas cuantas frases del libro de texto *Introducción a la neurociencia* a principios de los noventa. La imagen por resonancia magnética funcional (IRMf) era una tecnología muy nueva, a la que tenía acceso sólo un puñado de investigadores en el mundo entero. Eso despertó mi interés. Aunque no imaginaba que algún día tendría acceso a esas máquinas, me fascinaba la posibilidad de que los científicos pudieran ver el interior de la caja negra del cerebro.

Diez años más tarde, en la escuela de posgrado de la Universidad de Arizona, completé mi tesis, un estudio de una intervención encaminada a aliviar la aflicción. Un miembro de mi comité de tesis, que era psiquiatra, me sugirió que tenía la gran oportunidad de ver cómo se manifestaba la aflicción en el cerebro y me recomendó que invitara a los participantes del estudio de mi tesis a regresar para que les hicieran una exploración con IRMf. Tuve mis dudas. Ya había completado los requerimientos para mi doctorado en Psicología Clínica y las neuroimágenes eran una tecnología completamente nueva que tendría que aprender, con curva de aprendizaje muy pronunciada. Pero a veces los astros se alinean para un proyecto, de manera que comenzamos el primer estudio del duelo con IRMf. El psiquiatra Richard Lane se había tomado una excedencia en la University College de Londres, donde se desarrollaron los primeros métodos para analizar imágenes por resonancia magnética funcional. Lane estaba dispuesto a enseñarme a realizar el análisis, pero aun así me parecía una tarea imposible.

Y, sin embargo, los astros estaban alineados. Resultó ser que un psiquiatra alemán, Harald Gündel, quería venir a EE. UU. para que Lane le enseñara los métodos de las neuroimágenes a él también. Gündel y yo nos conocimos en marzo del año 2000 y conectamos de inmediato. Compartíamos una fascinación por la forma en que el cerebro sostiene las relaciones humanas que nos ayudan a regular nuestras emociones, y la curiosidad acerca de lo que ocurre cuando esas relaciones se pierden. ¿Quién hubiera pensado que dos investigadores, nacidos en dos países distintos y con una diferencia de edad de una década, podrían tener tantos intereses en común? Así pues, los elementos del estudio se habían establecido. A través de la elaboración de mi tesis, yo había conocido a un grupo de personas afligidas que estaban dispuestas a hacerse una resonancia. Gündel sólo podía quedarse en EE. UU. durante un mes y yo debía partir a la UCLA en julio de 2001 para realizar mis prácticas clínicas. Mi preocupación era que el escáner de neuroimágenes del centro médico de nuestra universidad iba a ser reemplazado en el único momento en el que todos podíamos coincidir en Tucson, Arizona. Pero todos los proyectos constructivos tienen el mismo problema: los retrasos. De manera que, en mayo de 2001, no había escaneos programados, pero el escáner antiguo todavía estaba disponible. El primer estudio del duelo con neuroimágenes[1] se realizó en cuatro semanas, un tiempo récord para la realización de cualquier proyecto de investigación. Este libro te ofrece los resultados de dicho estudio y muchas cosas más.

Mudarme a la UCLA me brindó la oportunidad de añadir otra área de especialización a mi conjunto de herramientas científicas. Completé mis prácticas clínicas ahí, un año de trabajo clínico en el hospital y en las clínicas, donde vi clientes con una amplia gama de problemas médicos y de salud mental. Una vez acabadas mis prácticas clínicas, me embarqué en una beca posdoctoral en Ppsiconeuroinmunología (PNI), un término sofisticado para el estudio de la forma en que la inmunología encaja en nuestra comprensión de la psicología y la neurociencia. Permanecí diez años en la UCLA, haciendo la transición a la facultad, pero finalmente regresé a la Universidad de Arizona. Ahí dirigí el laboratorio de Grief, Loss and Social Stress (GLASS), un rol muy satisfactorio que me permite enseñar a estudiantes de grado y de posgrado y dirigir el programa de formación clínica. Actualmente mis días son bastante variados. Paso horas leyendo estudios de investigación y diseñando nuevos estudios que investigarán los mecanismos de la experiencia efímera de la aflicción; doy clases a los estudiantes de grado en grupos pequeños y grandes; trabajo con otros psicólogos clínicos del país y del mundo para ayudar a dar forma a la dirección del campo de la investigación de la aflicción; soy mentora de estudiantes de posgrado y los ayudo a desarrollar sus propios modelos científicos,

---

1. H. Gündel, M. F. O'Connor, L. Littrell, C. Fort y R. Lane (2003), «Functional neuroanatamy of grief: An FMRI study», *American Journal of Psychiatry* 160, pp. 1946-1953.

a escribir manuscritos para difundir sus hallazgos en el campo, y doy charlas en nuestra comunidad local; y quizás lo más importante sea que fomento el talento para el pensamiento científico de cada alumno y los animo a que nos muestren su visión única del mundo desde un punto de vista científico.

Aunque mi trabajo como investigadora, mentora, profesora y escritora ya no me permite atender a clientes en terapia, tengo muchas oportunidades para oír hablar de la aflicción de las personas gracias a las extensas entrevistas que realizo para mi investigación. Hago todo tipo de preguntas y, además, trato de escuchar atentamente a las personas amables y generosas que están dispuestas a contarme sus historias. Ellas me dicen que lo que las motiva a participar es el poder contar sus experiencias a la ciencia para así ayudar a otras personas que están experimentando esa terrible etapa posterior a haber perdido a un ser querido. Estoy agradecida a cada una de ellas y he tratado de honrar sus aportes a través de este libro.

Cuando pensamos en la aflicción, la neurociencia no es necesariamente la disciplina que nos viene a la mente y, sin duda, menos aún en la época en que inicié mi investigación. Con todos los años que llevo dedicándome al estudio y la investigación, he acabado dándome cuenta de que, cuando un ser querido fallece, el cerebro tiene un problema que resolver. Y no es un problema trivial. Perder a una persona amada nos abruma porque necesitamos a nuestros seres queridos tanto como necesitamos alimentos y agua.

Afortunadamente, el cerebro es bueno para resolver problemas. De hecho, el cerebro existe precisamente para realizar esa función. Después de décadas de investigación, me di cuenta de que el cerebro dedica un gran esfuerzo a determinar dónde están nuestros seres queridos cuando están vivos, para que podamos encontrarlos cuando los necesitemos. Y el cerebro suele preferir los hábitos y las predicciones antes que nueva información, pero se esfuerza por aprender la información nueva que no puede ser ignorada, como la ausencia de nuestro ser querido. El duelo requiere la difícil tarea de sacar a la persona que ha fallecido del mapa que hemos utilizado para navegar juntos por nuestra vida, y transformar nuestra relación con ella. Experimentar el duelo, o aprender a vivir una vida que tenga sentido sin nuestro ser querido, es fundamentalmente un tipo de aprendizaje. Dado que aprender es algo que hacemos durante toda nuestra vida, ver el duelo como un tipo de aprendizaje puede hacer que nos resulte más familiar y comprensible, y nos dé la paciencia para que podamos dejar que este importante proceso se desarrolle.

Cuando hablo con estudiantes o terapeutas, o incluso con las personas que se sientan junto a mí en un avión, descubro que tienen preguntas cruciales acerca del duelo. ¿La tristeza es lo mismo que la depresión? Cuando las personas no muestran su dolor, ¿es porque están en negación? ¿Perder a un hijo es peor que perder a tu pareja?, me preguntan. Luego, con mucha frecuencia, me hacen este tipo de preguntas: Conozco a alguien a quien se le murió su madre/hermano/mejor amigo/marido, y después de seis semanas, o cuatro meses, o dieciocho meses, o diez años, siguen sintiendo tristeza. ¿Eso es normal?

Después de muchos años, me he dado cuenta de que las suposiciones que hay detrás de las preguntas de la gente demuestran que los estudiosos del duelo no han logrado transmitir lo que han descubierto. Eso fue lo que me motivó a escribir este libro. Estoy impregnada de lo que George Bonanno, psicólogo e investigador de la aflicción, denominó *la nueva ciencia del duelo*.[2] El tipo de aflicción en la que me centro en este libro se aplica a aquellas personas que han perdido a su pareja, a un hijo o una hija, a un mejor amigo o amiga, o a cualquier persona muy cercana. También exploro otras pérdidas, como la pérdida de un trabajo, o el dolor que sentimos cuando muere una celebridad a la que admiramos mucho, pero a la que nunca hemos conocido. Ofrezco pensamientos para aquellas personas que estamos cerca de alguien que está pasando por el duelo, para ayudarnos a entender lo que les está ocurriendo. Éste no es un libro de consejos prácticos y, sin embargo, muchas de las personas que lo han leído me dicen que aprendieron cosas que pueden aplicar a su propia experiencia única de la pérdida.

---

2. G. A. Bonanno (2009), *The Other Side of Sadness: What the New Science of Bereavement Tells Us about Life after Loss* (Nueva York: Basic Books).

El cerebro siempre ha fascinado a la humanidad, pero actualmente existen nuevos métodos que permiten ver el interior de esa caja negra, y lo que podemos ver nos estimula con posibles respuestas a preguntas antiguas. Dicho esto, no creo que una perspectiva neurocientífica de la aflicción sea mejor que la sociológica, la religiosa o la antropológica. Lo digo sinceramente, a pesar de que he dedicado toda mi carrera al punto de vista neurobiológico. Creo que examinar la aflicción desde el lente neurobiológico puede aumentar nuestra comprensión de ella, crear una visión más holística y ayudarnos a relacionarnos de otra manera con la angustia y el terror que experimentamos al pasar por el duelo. La neurociencia forma parte de la conversación de nuestros tiempos. Al comprender los numerosos aspectos de la aflicción, al centrarnos en mayor detalle en el modo en que participan los circuitos cerebrales, los neurotransmisores, los comportamientos y las emociones en el duelo, tenemos la oportunidad de empatizar de una nueva forma con las personas que actualmente están sufriendo. Podemos permitirnos sentir la aflicción, permitir que otras personas la sientan, y entender la experiencia del duelo; todo ello con mucha compasión y esperanza.

Quizás te hayas fijado en que utilizo los términos *aflicción* y *duelo*. Aunque se suelen utilizar indistintamente, yo hago una importante distinción entre ellos. Por un lado, tenemos la *aflicción:* la emoción intensa que cae sobre ti como una ola, es completamente abrumadora y no puede ser ignorada. La aflicción es un momento que aparece una y otra vez. Sin embargo, esos momentos son distintos de lo que llamo el *duelo,* la palabra que utilizo para referirme al proceso, a diferencia del momento de aflicción. El duelo tiene una trayectoria. Obviamente, la aflicción y el duelo están relacionados, y por eso ambos términos se han venido usando indistintamente para describir la experiencia de la pérdida, pero hay algunas diferencias importantes. Verás, la aflicción no tiene fin y es una respuesta natural a la pérdida. Siempre experimentarás momentos de aflicción al recordar a esa persona específica. Tendrás momentos aislados que te abrumarán, incluso años después de la muerte, cuando hayas logrado que tu vida vuelva a ser una experiencia satisfactoria y llena de sentido. Pero, aunque siempre sentirás esa emoción universalmente humana que es la aflicción, tu duelo, tu adaptación, cambiarán la experiencia a lo largo del tiempo. En las primeras cien ocasiones en las que sientas una oleada de aflicción, quizás pienses, «Nunca superaré esto, no puedo soportarlo». Pero es posible que en la vez número ciento uno, pienses, «Odio esto, no quiero sentir esto; pero ya me resulta familiar y sé que voy a superar este momento». Incluso si el sentimiento de aflicción sigue siendo el mismo, tu relación con ese sentimiento se irá transformando. Sentir aflicción años después de la pérdida puede hacer que dudes si realmente te has adaptado. Pero si piensas que la emoción y el proceso de adaptación son dos cosas distintas, entonces sentir *aflicción* ya no será un problema, incluso si llevas mucho tiempo pasando por el duelo.

Puedes ver el viaje que haremos juntos a través de este libro como una serie de misterios que vamos resolviendo, en la que la parte 1 gira en torno a la aflicción y la parte 2 en torno al duelo. Cada capítulo aborda una pregunta en particular. El capítulo 1 pregunta, ¿por qué es tan difícil entender que la persona ha muerto y se ha ido para siempre? La neurociencia cognitiva me ayuda a responder a esa pregunta. El capítulo 2 pregunta, ¿por qué la aflicción provoca tantas emociones y por qué sentimos una tristeza, una rabia, unos reproches, una culpa y un anhelo tan intensos? Aquí introduzco la teoría de la fijación, incluyendo nuestro sistema de fijación neuronal. El capítulo 3 se basa en las respuestas de los dos primeros capítulos y plantea una nueva pregunta: ¿por qué tardamos tanto tiempo en entender que nuestro ser querido se ha ido para siempre? Ahí explico las múltiples formas de conocimiento que nuestro cerebro tiene simultáneamente para pensar en este enigma. Cuando llegamos al capítulo 4, ya tenemos suficiente contexto como para profundizar en una pregunta fundamental: ¿qué ocurre en el cerebro durante la aflicción? Sin embargo, para entender la respuesta a esta pregunta también consideramos lo siguiente: ¿cómo ha cambiado nuestra comprensión de la aflicción a lo largo de la historia de la ciencia del duelo? El capítulo 5 examina con mayor sutileza por qué algunas personas se adaptan mejor que otras cuando pierden a un ser querido y pregunta, ¿cuáles son las complicaciones en un duelo complicado? El capítulo 6 reflexiona sobre por qué sentimos tanto dolor cuando perdemos a esa persona amada específica. Este capítulo trata sobre cómo funciona el amor y cómo nuestro cerebro permite que se establezca el vínculo que tiene lugar en las relaciones. El capítulo 7 habla de qué podemos hacer cuando estamos abrumados por la tristeza. Para profundizar en las respuestas a esta pregunta me baso en la psicología clínica.

En la parte 2 entramos en el tema del duelo y qué podemos hacer para recuperar una vida que tenga sentido. El capítulo 8 pregunta, ¿por qué rumiamos tanto después de haber perdido a un ser querido? Cambiar el tema en el que pasamos tiempo pensando puede cambiar nuestras conexiones neuronales y aumentar nuestras posibilidades de aprender a vivir una vida con sentido. Sin embargo, dejar de concentrarnos en el pasado hace que, en el capítulo 9, nos cuestionemos, ¿por qué querríamos centrarnos en nuestra vida en el presente, si está llena de aflicción? La respuesta incluye la idea de que sólo en el momento presente podemos experimentar también alegría y la condición humana, y expresar amor a nuestros seres queridos que todavía viven. Desde el pasado y el presente, en el capítulo 10 miramos hacia el futuro y nos preguntamos, ¿cómo podría transformarse nuestra aflicción, si esa persona nunca regresará? Nuestro cerebro es increíble y nos permite imaginar un número infinito de futuras posibilidades si dominamos esta habilidad. El capítulo 11 hace un cierre con lo que la psicología cognitiva puede aportar a nuestra comprensión del duelo como una forma de aprendizaje. Adoptar el punto de vista de que el duelo es una forma de aprendizaje, y que siempre estamos aprendiendo, puede hacer que el serpenteante camino del duelo nos resulte más familiar y esperanzador.

Piensa en este libro como si tuviera tres personajes. El personaje más importante es tu cerebro, maravilloso por su capacidad y enigmático en su proceso. Es la parte de ti que oye y ve lo que ocurre cuando un ser querido muere y se pregunta qué hacer a continuación. Tu cerebro es fundamental para la historia, construida a partir de las horas de tu experiencia personal con el amor y la pérdida. El segundo personaje es la ciencia del duelo, un campo nuevo lleno de carismáticos científicos y terapeutas, así como de los falsos comienzos y los emocionantes descubrimientos de cualquier actividad científica. El tercer y último personaje soy yo, una persona que siente aflicción y es una científica, porque quiero que confíes en mí como tu guía. Mis propias experiencias de pérdida no son tan inusuales, pero espero que, a través del trabajo de mi vida, puedas ver desde un nuevo punto de vista cómo tu cerebro te permite llevar a tu ser querido siempre contigo durante el resto de tu vida.

PARTE 1

La dolorosa pérdida del aquí, el ahora y la cercanía

CAPÍTULO 1

Caminar en la oscuridad

Cuando explico la neurobiología de la aflicción, normalmente empiezo con una metáfora basada en alguna experiencia conocida. Pero, para que la metáfora tenga sentido, tenemos que aceptar una premisa. Y esa premisa es la siguiente: que alguien ha robado tu mesa de comedor.

Imagina que despiertas con mucha sed en medio de la noche. Te levantas de la cama y te diriges a la cocina para tomar un vaso de agua. Al dirigirte hacia la cocina, recorres el pasillo y atraviesas el oscuro comedor. En el momento en que tu cadera debería golpearse contra la dura esquina de la mesa del comedor, sientes... Hmmm... ¿Qué es lo que sientes? Nada. De repente te das cuenta de que no sientes nada en ese sitio, a la altura de la cadera. Eres consciente de eso: de *no* estar sintiendo algo específico. Lo que ha llamado tu atención es la ausencia de algo. Lo cual es extraño, porque normalmente pensamos que *algo* nos llama la atención. ¿Cómo es que *nada* está captando nuestra atención?

Bueno, de hecho, en realidad no estás caminando en este mundo. O, para ser más exactos, la mayor parte del tiempo estás caminando en dos mundos, y uno de esos mundos es un mapa de realidad virtual creado enteramente en tu cabeza. Tu cerebro está moviendo tu forma humana por el mapa virtual que ha creado, y ése es el motivo por el cual puedes desplazarte por tu casa con relativa facilidad en la oscuridad. No estás utilizando el mundo externo como guía. Estás usando el

21

mapa de tu cerebro para moverte por un espacio que conoces y tu cuerpo humano llega al lugar donde el cerebro lo ha enviado.

Imagina que ese mapa virtual cerebral del mundo es como un mapa de Google que está en tu cabeza. ¿Alguna vez has tenido la experiencia de seguir indicaciones de voz sin ser plenamente consciente de por dónde estabas conduciendo tu automóvil? En algún momento, la voz te dice que gires hacia una calle, pero quizás descubras que esa calle es en realidad un carril para bicicletas. El GPS y el mundo no siempre coinciden. Igual que en el caso de los mapas de Google, el mapa de tu cerebro se apoya en una información previa que tiene sobre esa zona. Pero, para que no corras ningún peligro, el cerebro tiene áreas enteras dedicadas a la detección de errores: a percibir cualquier situación en la que el mapa del cerebro y el mundo real no coinciden. Cuando detecta un error, empieza a apoyarse en la información visual que está recibiendo (y si es de noche, podemos encender las luces). Nos apoyamos en nuestros mapas cerebrales porque eso requiere mucha menos energía de cálculo que caminar por una casa conocida como si fuera tu primera experiencia haciéndolo; como si cada vez descubrieras dónde están las puertas, las paredes y los muebles, y decidieras cómo moverte en ese espacio.

Nadie espera que le roben su mesa de comedor. Asimismo, nadie espera que su ser querido muera. Incluso cuando una persona lleva mucho tiempo enferma, uno no sabe cómo va a ser la experiencia de caminar por el mundo sin ella. Mi aporte como científica ha sido estudiar la aflicción desde la perspectiva del cerebro, desde la perspectiva de que éste está tratando de resolver un problema cuando se enfrenta a la ausencia de la persona más importante de nuestra vida. La aflicción es un problema dolorosamente desgarrador que el cerebro debe resolver, y el duelo exige que aprendamos a vivir con la ausencia de alguien a quien amamos profundamente, que forma parte de nuestra comprensión del mundo. Esto significa que, para el cerebro, tu ser querido ha desaparecido y, al mismo tiempo, está eternamente presente. Y tú estás caminando a través de esos dos mundos simultáneamente. Estás moviéndote por tu vida a pesar de que esa persona ya no está; es una premisa que no tiene ningún sentido y es confusa y perturbadora.

¿Cómo entiende el cerebro la pérdida?

¿Cómo hace, exactamente, el cerebro para permitirte transitar por dos mundos al mismo tiempo? ¿Qué hace para que te sientas extraño cuando *no* te golpeas la cadera contra la mesa de comedor que ya no está ahí? Sabemos bastante acerca de la forma en que el cerebro crea mapas virtuales. Incluso hemos descubierto dónde está ubicado el hipocampo (una estructura con forma de caballito de mar en las profundidades del cerebro) donde se aloja el mapa del cerebro. Para entender lo que está haciendo ese pequeño ordenador de materia gris, a menudo nos basamos en estudios sobre animales. Los procesos neurales básicos de los animales son similares a los de los humanos y, además, ellos utilizan mapas cerebrales para moverse. En el caso de las ratas, podemos usar un sensor para captar la señal eléctrica cuando una sola neurona se activa. La rata lleva un dispositivo en la cabeza mientras se mueve y, cuando la neurona se activa, se registra cuál es la ubicación de la rata en ese momento. Esto nos indica a qué puntos de referencia está reaccionando la neurona, y dónde lo hace.

En un estudio pionero realizado por los neurocientíficos noruegos Edvard Moser y May-Britt Moser, una rata hace una excursión diaria a una caja en la que se registran la activación de las neuronas. Sólo hay una cosa destacable en la caja: una torre alta de color azul intenso hecha de ladrillos de LEGO. La rata realiza aproximadamente veinte visitas diarias a su pequeña caja, hasta que los investigadores determinan, basándose en el dispositivo que tiene en la cabeza, cuál de sus neuronas individuales se activa cuando se topa con la torre azul. A estas neuronas se las denomina células de objeto porque se activan cuando la rata está en la zona del objeto. Incluso cuando existe una clara evidencia de que las células de objeto se activan cuando la rata está cerca del objeto, sigue existiendo la pregunta de por qué lo hacen: ¿se está activando la neurona porque reconoce los aspectos sensoriales de la torre azul (alta, azul, dura), o está reflexionando sobre otro aspecto como, por ejemplo, «Hmmm, he visto esto aquí antes»? Sería interesante que la neurona estuviera codificando la historia de esa experiencia.

Luego, los investigadores sacaron de la caja la torre azul de LEGO y dejaron que la rata hiciera varias visitas diarias más. Asombrosamente, hubo células neurales que se activaron específicamente cuando la rata se encontraba en el área en la que la torre azul *solía estar*. Estas neuronas eran un grupo de células distintas a las células de objeto, de manera que los investigadores las llamaron células de rastro de objetos.[3] Las células de rastro de objetos se activaban con el rastro fantasma de donde la torre azul debería haber estado, según el mapa virtual interno de la rata. Pero lo que resultaba incluso más increíble era que esas células de rastro de objetos persistían en activarse durante un promedio de cinco días después de que la torre azul hubiera sido retirada, mientras la rata se iba dando cuenta gradualmente de que la torre ya no iba a estar ahí. La realidad virtual tenía que actualizarse para que coincidiera con el mundo real, pero eso es algo que toma tiempo.

Si alguien cercano a nosotros muere, entonces, basándonos en lo que sabemos acerca de las células de rastro de objetos, nuestras neuronas continúan activándose cada vez que esperamos encontrar a nuestro ser querido en la habitación. Y este rastro neural persiste hasta que aprendemos que nuestro ser querido ya no va a estar en nuestro mundo físico nunca más. Debemos actualizar nuestros mapas virtuales, creando una cartografía modificada de nuestra nueva vida. ¿Es de extrañar que tengamos que pasar por varias semanas o varios meses de aflicción y nuevas experiencias hasta familiarizarnos con nuestra nueva realidad?

Una cuestión de mapas

Normalmente, los científicos tratan de ofrecer la explicación más sencilla de lo que ven, y los mapas no son necesariamente la explicación más sencilla de cómo localizamos las cosas. Otra explicación para aprender que una torre azul está en un determinado lugar es el simple condicionamiento, una asociación aprendida durante el entrenamiento. Pero algo más complicado que una asociación aprendida tiene lu-

---

3. A. Tsao, M. B. Moser y E. I. Moser (2013), «Traces of experience in the lateral entorhinal cortex», *Current Biology* 23/5, pp. 399-405.

gar y sabemos esto gracias a la investigación iniciada por el neurocien-tífico John O'Keefe, un mentor de los investigadores que descubrieron las células de rastro de objetos. O'Keefe y Lynn Nadel (quien actual-mente es colega mío en la Universidad de Arizona) tuvieron una idea revolucionaria en los años setenta.

Los científicos diseñaron un experimento para comparar dos ideas: tener una asociación aprendida versus tener un mapa mental. Una hi-pótesis es que la rata aprende dónde encontrar comida recordando una serie de giros desde donde empieza hasta donde encuentra víveres gra-tificantes. Eso es un aprendizaje de puntos de referencia, lo cual signi-fica que el animal está respondiendo a los puntos de referencia que ha visto antes: una asociación. La otra hipótesis es que la rata tiene un mapa del mundo en su cerebro (más específicamente, en su hipotála-mo) y descubre los sabrosos alimentos dirigiéndose al lugar donde se encuentran en su mapa cerebral. Esto es un aprendizaje de lugares, y no un aprendizaje de puntos de referencia.

O'Keefe y Nadel construyeron una caja con agujeros espaciados uniformemente donde la comida podía aparecer. Cuando se coloca a la rata en una entrada a la caja, ésta podría aprender, por ejemplo, a girar hacia la derecha y pasar corriendo delante de dos agujeros y ob-tener la comida en el tercer agujero. Pero si solamente está aprendien-do estos puntos de referencia, entonces el mismo plan no funciona-rá cuando los investigadores coloquen a la rata en una entrada a la caja que esté en una ubicación diferente. Entonces, si gira hacia la de-recha y pasa corriendo delante de dos agujeros, no encontrará ningún alimento delicioso en el tercer agujero. Por otro lado, si la rata tiene un mapa interno de toda la caja, entonces no le importará en qué entrada la coloquen inicialmente. Simplemente correrá hacia el agujero en el que se encuentra la comida, conociendo la ubicación del agujero en relación con toda la caja.[4]

Resulta ser que las ratas tienen un mapa de toda el área. El experi-mento mostró que las ratas realizan un aprendizaje del lugar y no un

---

4. J. O'Keefe y L. Nadel (1978), *The Hippocampus as a Cognitive Map* (Nueva York: Oxford University Press).

aprendizaje de puntos de referencia. De hecho, las neuronas individuales disparan hacia determinados lugares en la caja, una especie de código que representa cada ubicación. Estas neuronas individuales se llaman células de lugar. Nos ayudan a llevar un registro de dónde nos encontramos en el mundo, pero también de dónde están otras cosas importantes, como una fuente constante de alimento. Los humanos, asimismo, tienen células de lugar para su nevera. No importa si venimos desde la puerta de entrada a nuestra casa o desde la puerta trasera, siempre podemos llegar a la nevera utilizando nuestro mapa cerebral.

Nuestros seres queridos son tan importantes para nosotros como el alimento y el agua. Si te pregunto en este momento dónde está tu pareja, o dónde vas a ir a buscar a tus hijos, probablemente tendrás una idea muy clara de dónde encontrarlos. Utilizamos mapas cerebrales para encontrar a nuestros seres queridos, para predecir dónde están y para buscarlos cuando se han marchado. Un problema clave en la aflicción es que el mapa virtual que siempre utilizamos para encontrar a nuestros seres queridos y la realidad no coinciden después de su fallecimiento, pues ya no podemos hallarlos en las dimensiones de espacio y tiempo. La extraña situación de que no estén en el mapa, la alarma y la confusión que esto provoca es la razón principal de que la aflicción nos abrume.

La evolución se adapta a las circunstancias

Las primeras criaturas móviles necesitaban encontrar alimentos, una necesidad básica de la vida. El mapa neural probablemente estaba desarrollado para saber dónde ir para satisfacer esa necesidad. Más adelante, especialmente cuando los mamíferos se desarrollaron, surgió otra necesidad: de otros miembros de la especie, de cuidar de ellos, de defenderlos y de aparearse con ellos. Éstas son las llamadas necesidades de apego. Por el momento, pensemos en la necesidad de alimento y en la necesidad de tener seres queridos (apego) como si fueran dos problemas similares que el mamífero debe resolver. Ahora bien, los alimentos y los seres queridos son, obviamente, cosas muy distintas. Los alimentos no siempre se encuentran en el mismo lugar, pero nuestros seres queridos tienen una mente propia y, por lo tanto, son incluso menos predecibles.

Pongamos un ejemplo de simples mamíferos para ver cómo aún podríamos utilizar mapas cerebrales como una solución al problema de localizar a nuestros seres queridos. Uno de mis programas de televisión favoritos, *Meerkat Manor*,[5] documenta las vidas de las suricatas en el desierto de Kalahari. Las suricatas son unos pequeños roedores que se asemejan un poco a los perritos de las praderas. Este programa de televisión es una especie de mezcla entre *Reino salvaje* y *The Young and the Restless*. La familia «Bigotes» de suricatas está encabezada por una hembra alfa inteligente y fiera llamada Flor. Cada día, Flor y su tribu se dirigen a la sabana en busca de escarabajos, escorpiones y otros productos sabrosos que el desierto les proporciona para su supervivencia. Algunos miembros de la tribu se quedan en casa cuidando a las crías de suricatas, que están completamente indefensas. Las suricatas recorren largas distancias en busca de alimento y, sin embargo, regresan a casa cada noche para reunirse con sus diminutas crías y sus niñeras aburridas. Saben con cuánta frecuencia deben volver a una zona cuando han agotado sus opciones de alimento. Se orientan a pesar de que cada cierto tiempo se mudan con toda su progenie a una nueva madriguera subterránea. Hay cientos de madrigueras y las suricatas se mudan regularmente para evadir a los depredadores, a los rivales, a las pulgas y el mantenimiento general de sus hogares. El mapa virtual que estos pequeños mamíferos tienen en su hipocampo debe ser inmenso, y sin embargo, regresan a casa una y otra vez, sin ninguna dificultad aparente.

La evolución ha dotado a las criaturas sociales con la capacidad computacional de trazar un mapa de su entorno, de saber dónde hay buenas fuentes de alimento y con cuánta frecuencia deben regresar a una zona después de haber comido ahí. Pero la evolución se adapta a las circunstancias, y cuando surge una nueva necesidad, utiliza la

---

5. *Meerkat Manor*, Primera temporada, Discovery Communications, *Animal Planet*, producido por Oxford Scientific Films for Animal Planet, International Southern Star Entertainment UK PLC, productores Chris Barker y Lucinda Axelsson.

maquinaria disponible en lugar de desarrollar un nuevo sistema cerebral. Entonces, parece probable que el mismo mapeo codificado en las neuronas para encontrar alimento se utilice también para mapear dónde tienen los mamíferos a sus bebés y cómo regresar a ellos al final del día. O cómo volver al lugar donde se encuentran en caso de emergencia, como en el episodio en el que Flor regresa corriendo a la guarida cuando ve que hay un halcón peligroso sobrevolando en círculos sobre la madriguera en la que están ocultas sus crías. Como humanos, nosotros mapeamos dónde se encuentran nuestros seres queridos en un mapa virtual en nuestra cabeza, utilizando tres dimensiones. Las primeras dos dimensiones están directamente relacionadas con las mismas que utilizamos para encontrar comida: espacio (dónde se encuentra) y tiempo (cuándo es un buen momento para buscar alimento ahí). La tercera dimensión es lo que yo llamo cercanía. Una manera de asegurarnos de que nuestros seres queridos sean más predecibles es a través de nuestro vínculo. La probabilidad de encontrarlos aumenta si ellos se sienten motivados a esperar a que lleguemos a casa, o si tienen el deseo de buscarnos si no lo hacemos. Esta atadura invisible, este vínculo de cercanía, es lo que el psiquiatra británico John Bowlby llamó apego.[6] Considerar la cercanía como una dimensión es una idea novedosa y os contaré más sobre esto en el capítulo 2. Por ahora, concentrémonos en estas tres dimensiones en general: *aquí, ahora* y *cercanía.*

El vínculo de apego

¿Cómo aprendemos las dimensiones de *aquí, ahora* y *cerca*? Cuando un bebé nace, se siente seguro cuando está en contacto con su cuidadora o cuidador. En esta sección hablaré de la «cuidadora», pero no hay ningún motivo por el cual no pueda ser el padre. Sin embargo, me referiré al bebé en masculino. Durante la unión física con la madre, el

---

6. J. Bowlby (1982), *Attachment* (2.ª ed.), vol. 1: *Attachment and Loss* (Nueva York: Basic Books).

contacto piel con piel, el bebé se siente tranquilo y feliz, y tiene la capacidad mental suficiente para conocer la diferencia entre tener contacto físico y no tenerlo. En este punto, el bebé no conoce necesariamente la diferencia entre él y la persona a la que literalmente está unido físicamente, pero tiene el instinto innato de llorar cuando desea ese contacto. El bebé aprende que, si no hay ningún contacto, entonces llorar hace que la madre vuelva a estar en contacto con él y el resultado es maravillosamente relajante. El cerebro del bebé se desarrolla un poco más y ahora tiene una sensación de un vínculo de apego, incluso cuando existe una distancia (la dimensión del espacio). Si el bebé puede ver a su madre en la habitación, o incluso oírla en la habitación de al lado, existe la sensación de que las necesidades del apego pueden ser satisfechas. Aquí tenemos la primera realidad virtual, la representación mental de la madre, basada en señales visuales o auditivas y no sólo en el contacto físico. Éste es el vínculo del apego tendiendo un puente a través del espacio, como un lazo invisible. La presencia de la madre es igualmente relajante, aunque esté en el otro extremo de la habitación, y el bebé puede continuar haciendo lo que quiera hacer, porque se siente seguro.

Luego, el bebé aprende cosas sobre la dimensión temporal. En algún momento durante el primer año, el bebé empieza a llorar cuando su madre desaparece. Aunque la mayoría de la gente da por sentado que esto se debe al desarrollo del vínculo emocional con la madre, no es sólo eso. El cerebro del bebé tiene que desarrollarse de una forma específica mucho antes de que ese llanto inconsolable tenga lugar cuando su madre se va. Lo que el bebé necesita es una memoria operativa. Su capacidad de memoria operativa se establece debido a las nuevas conexiones neurales que hay entre partes de su cerebro. Ahora el bebé puede mantener en su mente el recuerdo de lo que ocurrió entre treinta y sesenta minutos antes (mamá estuvo aquí) y lo que está ocurriendo ahora (mamá no está aquí), y relacionar las dos cosas. Desafortunadamente, todavía no puede manejar la incertidumbre de lo que su ausencia podría significar para él. Entonces, aunque su cerebro ha madurado lo suficiente como para reconocer que el presente es una alteración del pasado, su única opción es llorar, con la esperanza de que mamá lo oiga y regrese.

Con el tiempo, con la experiencia, el bebé descubre que, aunque mamá se haya ido, siempre regresa. Cuando tiene aproximadamente un año, empieza a darse cuenta de que puede esperar a que transcurra un episodio de *Barrio Sésamo,* o quizás dos, y que es seguro que luego mamá regresará y todo estará bien en su mundo. Ahora mamá continúa estando presente en la realidad virtual de la mente del niño, incluso cuando está fuera de su vista y no puede oírla. Las necesidades de amor y seguridad no son abrumadoras, porque el niño puede recurrir al conocimiento tranquilizador de que su madre va a regresar. Así pues, el vínculo de apego los une a lo largo del tiempo.[7]

El espacio y el tiempo han sido incorporados de dimensiones que el cerebro ha estado utilizando para encontrar comida. Esos mamíferos que aplicaron esas mismas dimensiones a sus cuidadores sobrevivieron para transmitir sus genes. Los bebés que se mantuvieron a la vista de sus madres sobrevivieron a los depredadores, y los niños pequeños que esperaron a que sus madres regresaran con la comida obtuvieron una mejor nutrición y se hicieron fuertes. El apego se desarrolló porque el cerebro aplicó una solución de un problema a otro problema mientras la nueva especie de mamíferos evolucionaba.

Cuando las dimensiones ya no son aplicables

Nuestra necesidad de apego –la necesidad de recibir consuelo y seguridad de nuestros seres queridos– requiere que sepamos dónde se encuentran. Cuando pasé de ser una estudiante universitaria a ser una alumna de posgrado, me mudé a una nueva universidad en otra ciudad y mi madre sintió un intenso deseo de venir a visitarme a mi nuevo piso. «Tengo que poder visualizar dónde estás ahora», dijo. Eso la ayudó a sentirse más cerca de mí, y creo que el hecho de tener localizado el lugar donde yo me encontraba hizo que no me echara tanto de menos durante mi ausencia.

---

7. Ibídem.

Si utilizamos estas tres dimensiones *(aquí, ahora, cerca)* en el mapa virtual de nuestro cerebro para localizar y seguir el rastro de nuestros seres queridos, entonces la muerte presenta un problema especialmente devastador. De repente, te dicen (y en un nivel cognitivo lo crees) que tu ser querido ya no puede ser localizado en el espacio y el tiempo. La idea de que una persona simplemente ya no existe no sigue las reglas que el cerebro ha aprendido a lo largo de la vida. Los muebles no desaparecen mágicamente. Si la persona a la que amamos ha desaparecido, entonces nuestro cerebro da por sentado que está en alguna otra parte y que la encontraremos más tarde. La acción requerida en respuesta a su ausencia es bastante simple: ve a buscar a esa persona, grita, envíale un mensaje de texto, llámala o usa cualquier medio posible para atraer su atención. La idea de que la persona sencillamente ya no está en este mundo dimensional no es una respuesta lógica a su ausencia en lo que al cerebro respecta.

Antes mencioné que podríamos comparar la necesidad de apego a la necesidad de alimento. Ahora, imagina que despiertas una mañana y te preparas el desayuno, pero cuando te sientas a comer, no hay nada en tu plato. No hay café en tu taza. Hiciste todas las cosas correctas, seguiste los procedimientos para preparar el desayuno, pero aquí viene lo bueno: durante la noche, el mundo ha cambiado por completo y ahora ya no hay comida para ti. Pides algo de comer en un restaurante y el camarero se va y regresa para servirte, pero no te trae nada. Esta situación es tan extraña como la absoluta confusión que puede producirse cuando te dicen que un ser querido ha fallecido. Esta confusión no es lo mismo que una simple negación, aunque ésa puede ser la forma en que los demás la describan. En lugar de eso, es la desorientación absoluta lo que las personas experimentan durante una intensa aflicción.

¿Estoy loca?

La primera persona a la que vi en psicoterapia, que estaba lidiando con la aflicción, estaba bastante segura de que se estaba «volviendo loca». Tenía veintipocos años y su padre había fallecido repentinamente en un violento accidente. Ella estaba convencida de haberlo visto en la calle después del accidente (llevaba puesto el pañuelo que ella le regaló) y no podía dejar de pensar en esa experiencia. Realmente creía que lo había visto y, al mismo tiempo, sabía que eso no era posible. Lo peor era que tenía la esperanza de volver a verlo, aunque le preocupaba qué aspecto tendría después de haber tenido ese accidente mortal.

Buscar a nuestros seres queridos después de que han fallecido es una experiencia muy común. Sostener y oler sus cosas para poder sentirnos cerca de ellos también es muy habitual, y eso no significa que la persona esté loca (a pesar de lo que Hollywood pueda sugerir). Lo que importa es tu intención. Estar abrumada porque echas de menos a tu marido fallecido y buscar algo que te recuerde a él, para recordar los momentos que pasasteis juntos, eso es una cosa. Si, años después de la muerte de tu hija, todavía mantienes su habitación exactamente como estaba el día de su muerte, con las mismas sábanas en la cama, sin haberlas tocado desde que las apartó al levantarse en ese fatídico día, y pasas mucho tiempo en su habitación tratando de recrear tu experiencia antes de su muerte, eso puede ser problemático. ¿Cuál es la diferencia? En el primer caso, estás en el presente y recuerdas el pasado, con todo el dolor, la tristeza y el sentimiento agridulce de haber conocido y amado a esa persona. En el segundo caso, estás tratando de vivir en el pasado, fingiendo que el tiempo se ha detenido. Y por mucho que podamos esperar, esforzarnos y anhelar, jamás podremos detener el tiempo. Nunca podremos ir hacia atrás. Tarde o temprano tenemos que salir de esa habitación y recibir la bofetada de la realidad del presente.

Cuando la joven mujer que estaba en terapia conmigo escuchó que no requeriría ser hospitalizada por haber tenido una visión de su padre porque no estaba «loca», fue capaz de hablar de su aflicción. Fue capaz de poner en palabras cuánto necesitaba todavía a su padre, porque se sentía muy joven e insegura acerca de lo que le deparaba el futuro. Esta añoranza es, en muchos sentidos, el corazón de la aflicción.

Buscar en la noche

Las religiones del mundo han honrado durante mucho tiempo este deseo de encontrar a los seres queridos que se han marchado en las dimensiones del tiempo y el espacio. ¿A dónde se fueron? ¿Volveremos a verlos algún día? Después de la muerte de un ser querido, tenemos un deseo abrumador de ponernos en contacto él, y ese deseo a menudo llega en el mismo momento en el que muchas personas recurren a la religión para entender el significado de la vida y de su lugar en el universo. Las religiones ofrecen respuestas que calman y consuelan a los que están afligidos. Suelen describir un lugar en el que los muertos residen ahora (el cielo, la tierra pura budista, el inframundo al otro lado del río Estigia) y un momento en el que los volveremos a ver (el Día de los Muertos, el festival japonés Obon, el Día del Juicio Final). En muchas culturas, la gente visita la tumba o un altar en su hogar donde van para sentirse cerca de la persona amada que ha fallecido, para hablar con ella o pedirle consejos. El hecho de que tantas culturas distintas hayan proporcionado una respuesta muy concreta a las preguntas de *dónde* y *cuándo* podría ser una indicación de que el intenso deseo de buscar y localizar el lugar donde se encuentran nuestros seres queridos (el deseo de tenerlos *aquí* y *ahora*) tiene una base biológica. Esta evidencia biológica la encontraríamos en el cerebro, si supiéramos cómo buscarla.

Ciertamente, la importancia de un mapa del lugar donde se encuentran nuestros seres queridos presenta algunas preguntas empíricas: ¿las personas usan el mismo mapa virtual cuando se les pregunta dónde están sus seres queridos fallecidos que cuando se les pregunta dónde están sus seres queridos vivos? ¿Se encuentra ese mapa en el hipocampo? Y más importante aún: ¿la seguridad de que conocemos el paradero de nuestros seres queridos, o nuestro futuro acceso a ellos, nos da consuelo después de haberlos perdido? No tenemos ninguna evidencia neurocientífica acerca del peso de esto (¡todavía!). Sin embargo, un estudio fascinante sobre la respuesta al estrés de las personas afligidas y sus creencias religiosas arroja algo de luz sobre estas cuestiones.

En primer lugar, ten en cuenta que cuando estamos alterados por algo, nuestra presión arterial sube, y cuando nos sentimos consolados, se normaliza. Sabemos que, durante la aflicción, la presión arterial promedio de las personas sube, en comparación con personas similares que no están tristes. El sociólogo Neal Krause, de la Universidad de Michigan, ha señalado que cuando nos sentimos tristes repetidamente por la pérdida de un ser querido, las creencias y los rituales religiosos pueden ofrecer consuelo y pueden ser una manera eficaz de ayudarnos a enfrentar la situación. Esa respuesta calmante debería ser visible en la presión arterial y en los índices de hipertensión (presión arterial elevada que persiste a lo largo del tiempo). Krause diseñó un inteligente estudio en el que los investigadores entrevistaron a japoneses mayores que habían experimentado la muerte de un ser querido. Aquellos que estaban afligidos y creían en una buena vida después de la muerte no desarrollaron hipertensión en los tres años posteriores. Parecían estar protegidos por esta creencia. Curiosamente, creer en una buena vida después de la muerte no predijo una menor hipertensión en los japoneses mayores que no estaban afligidos. Esta creencia sólo predecía una presión arterial normal para aquellas personas que estaban lidiando con el estrés del duelo y necesitaban el relajante consuelo de este conocimiento.

No forma parte del rol del neurocientífico determinar si las creencias religiosas de una persona son correctas o no; más bien, estamos interesados en saber si la forma en que pensamos en nuestros vínculos sociales puede afectar, o no, a nuestra salud física y mental. Para el cerebro, pueden haber muchas similitudes entre la forma en que se enfrenta a un problema (estar al tanto de dónde se encuentran nuestros seres queridos cuando están vivos) y a otro problema (mantener la conexión con nuestros seres queridos ahora que ya no podemos estar con ellos). Independientemente de la veracidad de las enseñanzas religiosas, a través de la neurociencia podemos entender mejor cómo el cerebro nos permite experimentar esta cosa maravillosa llamada vida. Para las personas que están buscando a un ser querido que ha fallecido, entender qué es lo que las consuela puede generar algunas ideas novedosas acerca de cómo consolar a otras personas afligidas. Quizás hallar maneras de proporcionar ese consuelo tranquilizador podría permitir que el cerebro, y el corazón, descansen durante la experiencia increíblemente estresante de sufrir una pérdida.

Llenar los espacios

Además de llevar en su interior una amplia gama de mapas virtuales, otra de las maravillas del cerebro es que es una excelente máquina de predicción. Una gran parte la corteza cerebral está configurada para recibir información y compararla con lo que ha ocurrido anteriormente, con lo que ha aprendido a esperar a través de la experiencia. Y dado que el cerebro es excelente haciendo predicciones, a menudo simplemente nos proporciona información que en realidad no está ahí: completa los patrones que espera ver. Por ejemplo, la gente puede ver rostros en todas las cosas, desde las nubes hasta las tostadas, llenando los espacios. Nos esforzamos por crear una inteligencia artificial que sea tan buena completando los patrones como lo son los seres humanos. Incluso podemos medir esa capacidad de predicción en nuestras neuronas. Cuando el cerebro percibe incluso la más mínima violación de lo que espera, se produce un patrón de activación de las neuronas que puede ser captado por un electroencefalograma (EEG). Un gorro de EEG de electrodos en el cuero cabelludo humano muestra un cambio en el voltaje cuando el cerebro detecta que ha ocurrido algo «erróneo» milisegundos después de que eso ocurra. Cuando tu cadera no se golpea contra la mesa de comedor cuando estás caminando en medio de la noche, por ejemplo, el voltaje de tus neuronas cambia momentáneamente.

La predicción es clave para prácticamente todos los comportamientos humanos. Comparamos la sensación esperada de la mesa de comedor en nuestra cadera con la falta de sensaciones que recibimos a través de los nervios sensoriales. Sin embargo, es importante señalar que el cerebro ya ha registrado lo que *cree* que ha percibido. Procesar la información sensorial es un proceso muy rápido y se filtra por las expectativas. Cuando pasaste por el espacio que anteriormente había estado ocupado por una mesa de comedor, tu cerebro realmente sintió la mesa. *Luego* percibió la diferencia entre el patrón de sensación que había esperado y registrado y lo que en realidad ocurrió. Imagina a un hombre cuya esposa ha regresado a casa del trabajo a las seis en punto todos los días durante años. Después de su muerte, cuando escucha un sonido a las seis en punto, su cerebro simplemente llena ese espacio con la puerta del garaje abriéndose. Durante ese momento, su cerebro creyó que su esposa estaba llegando a casa. Y luego la realidad le trajo una nueva oleada de dolor.

Este registro neural del momento en el que las cosas ocurren es la forma en que el cerebro aprende. Hay una frase del científico canadiense Donald Hebb que ha sido muy utilizada: «las neuronas que se activan juntas refuerzan su conexión y permanecen juntas». Esto quiere decir que una sensación (escuchar un sonido) y los hechos que se producen a continuación (mi mujer entra por la puerta) desencadenan la activación eléctrica de miles de neuronas. Cuando estas neuronas están muy cerca unas de otras, se conectan más físicamente. Las neuronas cambian físicamente. Las neuronas que están más conectadas tienen más probabilidades de activarse juntas la siguiente vez. Cuando una experiencia se repite una y otra vez, el cerebro aprende a activar las mismas neuronas cada vez, de manera que «un sonido a las 6 p. m.» activa «mi mujer ha llegado a casa».

Es necesario un tiempo adicional para que consultes con otras partes de tu cerebro que te informan que tu mujer ya no está viva y que no es posible que esté abriendo la puerta del garaje. Entretanto, la discrepancia entre lo que ya has registrado (que tu mujer está entrando por la puerta) y lo que sabes que es verdad (tu mujer ha fallecido) produce una dolorosa oleada de tristeza. En ocasiones, todo esto ocurre tan rápido que está por debajo del umbral de la consciencia y lo único que sabemos es que, súbitamente, estamos abrumados por las lágrimas. Por lo tanto, quizás no sea tan sorprendente que «veamos» y «sintamos» a nuestros seres queridos después de que hayan fallecido, especialmente poco después de su muerte. Nuestro cerebro está rellenando los espacios completando la información entrante de lo que hay a nuestro alrededor, dado que ellos son la siguiente asociación en una cadena de fiable de hechos. Verlos y sentirlos es bastante común, y definitivamente no es prueba de que nos está pasando algo malo.

Además, nuestras predicciones cambian lentamente, porque el cerebro sabe que no debe actualizar todo su plan de predicción basándose en un solo evento. Ni en dos eventos, ni en doce eventos. El cerebro calcula las probabilidades de que algo ocurra. Has visto a tu ser querido a tu lado en la cama cuando despertabas cada mañana durante días, semanas, meses y años. Ésa es una experiencia vivida confiable. El conocimiento abstracto, como el conocimiento de que todos vamos a morir algún día, no es tratado de la misma manera que una experiencia vivida. Nuestro cerebro confía y hace predicciones basándose en las experiencias que hemos vivido. Cuando despiertas una mañana y tu ser querido no está junto a ti, la idea de que ha fallecido simplemente *no es verdad* en términos de probabilidades. Para nuestro cerebro, esto no es verdad en un día, o dos días, o durante muchos días después de su muerte. Necesitamos vivir suficientes nuevas experiencias para que nuestro cerebro desarrolle nuevas predicciones, y eso toma tiempo.

El paso del tiempo

El cerebro aprende tanto si queremos que aprenda como si no queremos que lo haga. No espera pacientemente a que le digamos, «Eh, Siri» y luego empiece a registrar cualquier cosa que ocurra a continuación. Nuestro cerebro registra la información recibida a través de todos los sentidos, creando un inmenso almacén de probabilidades y posibilidades, tomando nota de las asociaciones y los paralelos entre eventos. Con frecuencia, esto ocurre sin nuestra percepción consciente de esas sensaciones, o de las asociaciones que se han producido. Este aprendizaje no intencionado tiene sus pros y sus contras. Dado que el aprendizaje no está relacionado con nuestras intenciones, el cerebro está aprendiendo las verdaderas contingencias del mundo, incluso cuando nosotros las estamos ignorando o no las percibimos conscientemente. Tu cerebro continúa tomando nota del hecho de que tu ser querido ya no está presente día tras día y utiliza esa información para actualizar sus predicciones acerca de si esa persona va a estar ahí mañana. Ése es el motivo por el cual decimos que el tiempo todo lo cura. Pero en realidad eso tiene menos que ver con el tiempo y más que ver con la experiencia. Si estuvieras en coma durante un mes, no aprenderías nada acerca de cómo funcionar sin tu marido después de salir del coma. Pero si continúas con tu vida cotidiana durante un mes, incluso sin hacer nada de lo que alguien podría reconocer como «estar en duelo», habrás aprendido muchas cosas. Aprenderás que él no vino a desayunar en treinta ocasiones. Cuando tuviste una historia graciosa que contar, llamaste a tu mejor amiga y no a tu marido. Cuando lavaste la ropa, no pusiste ningún par de calcetines en su cajón.

Entonces, el cerebro utiliza un mapa virtual para que nos podamos mover y nos ayuda a encontrar alimentos, y probablemente hemos evolucionado para usar ese mapa también para ayudarnos a hacer un seguimiento de nuestros seres queridos. Cuando experimentamos una pérdida a través de una muerte, nuestro cerebro inicialmente no puede comprender que las dimensiones que normalmente utilizamos para localizar a nuestros seres queridos simplemente ya no existen. Es posible que incluso los busquemos, sintiendo que quizás estemos un poco locos por hacerlo. Si sentimos que sabemos dónde están, incluso en un lugar abstracto como el cielo, es posible que nos sintamos reconfortados al ver que nuestro mapa virtual sólo necesita ser actualizado para incluir un lugar y un tiempo en el que nunca hemos estado. Actualizar también incluye cambiar nuestro algoritmo de predicción, aprendiendo las dolorosas lecciones de no llenar los espacios con visiones, sonidos y sensaciones de nuestros seres queridos.

Ten en cuenta que el cerebro no puede aprenderlo todo a la vez. No puedes ir de la aritmética al cálculo sin haber pasado muchos muchos, días practicando las tablas de multiplicar y resolviendo ecuaciones diferenciales. Asimismo, no puedes forzarte a aprender de la noche la mañana que tu ser querido se ha marchado. No obstante, puedes dejar que tu cerebro tenga experiencias, día tras día, que le ayudarán a actualizar ese pequeño ordenador gris. Absorber todo lo que ocurre a nuestro alrededor, lo cual actualiza nuestro mapa virtual y lo que nuestro cerebro cree que ocurrirá a continuación, es un buen comienzo para ser resilientes ante una gran pérdida.

CAPÍTULO 2

Buscar la cercanía

De niños, cuando estamos muy apegados a las personas que nos cuidan y dependemos absolutamente de ellas, aprendemos a entender el papel que desempeñamos en la cercanía. Nos damos cuenta de que algunos de nuestros comportamientos hacen que papá se enfade, y cuando él se enfada, no nos gusta sentirnos desconectados de él. Con el tiempo, aprendemos a ver nuestros actos desde la perspectiva de nuestro padre y prevemos que, si dibujamos en la pared, cuando él nos descubra con la pintura en la mano, no nos levantará en brazos y nos abrazará. Aprendemos que nuestro comportamiento es un elemento causal en la dimensión cercanía/distancia. Por otro lado, descubrimos también que nuestro apego, nuestra cercanía, persiste a pesar de lo que podamos sentir en una situación específica. Si papá está enfadado con nosotros por haber dibujado en la pared, aun así nos salvará del camión que se acerca a toda velocidad cuando estamos jugando en la calle. O, si tenemos un accidente de tráfico en el automóvil de nuestros padres después de habernos sacado el carnet de conducir, ellos son capaces de sorprendernos mostrando alivio y gratitud porque estamos físicamente bien, a pesar del daño que hemos causado. Esta cercanía del apego suele trascender las emociones que sienten por nosotros minuto a minuto, al menos en las relaciones seguras. La cercanía está parcialmente bajo nuestro control, y aprendemos a mantener y cuidar esa cercanía, pero también confiamos en que las personas que nos quieren van a mantener esa cercanía.

La cercanía es una tercera dimensión de la forma en que mapeamos *dónde* se encuentran nuestros seres queridos, además de mapear dónde están en las dimensiones del *aquí* (espacio) y el *ahora* (tiempo). Pienso en esto como si fuera una tercera dimensión, porque creo que la cercanía es entendida por el cerebro de una manera muy similar al tiempo y el espacio. Los psicólogos lo llaman distancia psicológica. La manera más fácil de imaginar este concepto es en respuesta a la pregunta, «¿Tu hermana y tú estáis unidas?». El psicólogo Arthur Aron ilustró la cercanía representándote a ti y a la persona que amas con círculos.[8] A esto lo llamó «la escala de inclusión del otro en uno». Teniendo en cuenta que es un científico, creo que es una descripción bastante poética.

En un extremo de la escala, los dos círculos están uno junto al otro y apenas se tocan. En el otro extremo de la escala, los dos círculos se superponen casi por completo y sólo hay dos pequeñas medialunas asomándose en los bordes externos para representar a las personas individuales. En el medio de la escala, los círculos se intersecan en los polos. Las personas pueden indicar de una forma confiable lo cercanas que están de su ser querido escogiendo los círculos que mejor representen su relación. En la métrica de los círculos superpuestos, las áreas en las que mi mejor amiga y yo no nos superponemos son muy pequeñas. En el otro extremo de la dimensión de la cercanía, la distancia psicológica puede ser igual de poderosa. En una habitación llena de miembros de tu familia, puedes sentir que estás en un planeta alprofessí-

---

8. A. Aron, T. McLaughlin-Volpe, D. Mashek, G. Lewandowski, S. C. Wright y E. N. Aron (2004), «Including others in the self», *European Review of Social Psychology*, 15/1, pp. 101-132, https://doi.org /10.1080/10463280440000008

gena, sin tener ningún interés en contarles nada y sin creer que te entenderían si lo hicieras.

Estar ahí

La cercanía es dimensional en la forma en que el espacio y el tiempo son dimensionales. De la misma manera en que utilizamos el tiempo y el espacio para predecir cuándo y dónde veremos la próxima vez a nuestra mujer o a nuestro marido, podemos usar la cercanía emocional para predecir si van a «estar ahí» para nosotros. En un extremo de la dimensión de la cercanía, cuando mi pareja y yo llegamos a casa por la tarde, es posible que me sienta segura de que podré acurrucarme en sus brazos y dejar que él me ayude a olvidar el día horrible que he tenido. Alternativamente, si nuestra relación está teniendo problemas, quizás a lo mejor que pueda aspirar es a que nos sentemos juntos en el sofá a ver la tele como es habitual. Si hemos tenido una discusión reciente, es posible que sea fría con él, incluso que frunza el ceño, advirtiéndole subliminalmente que mantenga la distancia.

Dado que la cercanía es una métrica con la que determinamos «dónde» nos encontramos en relación con nuestros seres queridos, al cerebro le cuesta entender qué ha ocurrido cuando la persona muere y esta dimensión desaparece. En el caso del espacio y el tiempo, si nuestro ser querido no está presente, entonces nuestro cerebro simplemente cree que está lejos o que vendrá más tarde. Para nuestro cerebro, es muy poco probable que estas dimensiones ya no se apliquen, que la persona no pueda ser hallada en el *aquí* o en el *ahora*. Cuando un ser querido ha fallecido, es posible que sintamos que ya no estamos cerca, pero nuestro cerebro no puede creer que esto se deba a que la «cercanía» ya no se aplica. En lugar de eso, es posible que nuestro cerebro crea que se debe a que la otra persona está enfadada con nosotros, o que está siendo distante. Si no nos está respondiendo, aunque lógicamente sabemos que no puede hacerlo, es posible que nuestro cerebro crea que no nos estamos esforzando lo suficiente para ponernos en contacto con ella, que no estamos apelando a ella con suficiente fervor para que vuelva con nosotros.

Desaparecer

Lo contrario a la cercanía es la sensación de la ausencia de nuestra pareja. La ausencia dispara las alarmas emocionales, revelando la calma y el consuelo de la cercanía que echamos de menos. Una ausencia inesperada nos alarma incluso más. Hace un tiempo, una de mis amigas comenzó una relación sentimental a larga distancia con un hombre que vivía al otro lado del país. Años atrás, se habían conocido como amigos cuando trabajaban en la misma empresa, y se mantuvieron en contacto por correo electrónico desde que ella se mudó. Con el tiempo, ambos se quedaron solteros y sus conversaciones se volvieron más íntimas. Se enviaban mensajes de texto todos los días, con intensidad. Entonces, un día, sin previo aviso, él dejó de responderle. Ni un correo electrónico, ni un mensaje de texto, ninguna explicación, ninguna idea de lo que había ocurrido. El tipo pasó de ser muy cercano a ser desconcertantemente distante en una sola noche. Poner fin a la relación alejándose de forma repentina e inexplicable, cortando toda comunicación, tiene su propio término en nuestro mundo tecnológico moderno: *ghosting*.

Además de sentir una profunda empatía con el dolor que mi amiga estaba sintiendo, me impactaron las intensas reacciones emocionales que ella experimentó. Ciertamente, estaba profundamente herida y se le caían las lágrimas cuando hablábamos de ello en los días posteriores. Además, sentía mucha rabia hacia él y le escribió varios correos electrónicos de enfado en los que le hacía saber que simplemente quería una explicación y que lo que él estaba haciendo era increíblemente cruel. Naturalmente, pasaba horas pensando en lo que podría haber ocurrido. ¿Había hecho algo que lo ofendiera, aunque no se le ocurría qué podría haber sido? ¿Sería que él se sentía vulnerable después de haberse abierto emocionalmente con ella y había decidido que no podía hacerle frente?

En algún momento también consideró la posibilidad de que él hubiera tenido un terrible accidente y hubiera fallecido. Aunque resultó ser que ése no era el caso, me di cuenta de algo importante. Cuando un ser querido muere, es posible que sintamos muchas emociones intensas además de la tristeza. Sentimos arrepentimiento, o culpa, o ira, o lo que podríamos llamar emociones sociales. En un nivel emocional subconsciente, es posible que sintamos que la persona nos ha hecho *ghosting* y quizás sintamos esas mismas intensas emociones motivadoras de ira o culpa. Cuando nuestro ser querido está vivo, esas emociones nos motivarían a reparar la relación: a pedir disculpas, a arreglar algo que ha ocurrido o a decirle a la persona que estamos molestos para que pueda compensarnos. Pero, a diferencia de una discusión, cuando alguien muere no hay posibilidad de resolución.

Ver a mi amiga pasar por esta dolorosa ruptura sentimental me hizo darme cuenta de algo fundamental. Si tu cerebro no puede comprender que ha ocurrido algo tan abstracto como la muerte, no puede entender dónde se encuentra esa persona en el espacio y en el tiempo, o por qué no está *aquí*, *ahora* y *cerca*. Desde la perspectiva de tu cerebro, lo que ocurre cuando un ser querido muere es exactamente un *ghosting*. En lo que al cerebro concierne, esa persona no ha fallecido. El ser querido, sin ninguna explicación, ha dejado de devolvernos las llamadas, ha dejado de comunicarse con nosotros por completo. ¿Cómo podría hacernos eso alguien que nos ama? Se ha vuelto distante, o increíblemente cruel, y eso nos enfurece. Tu cerebro no entiende por qué; no comprende que las dimensiones pueden simplemente desaparecer. Si no sentimos que la persona está cerca, entonces sentimos que está distante, y queremos reparar eso en lugar de creer que se ha ido para siempre. Esta creencia produce un intenso afloramiento de emociones.

El enfado

La tristeza es probablemente el sentimiento más fácil de comprender durante el duelo. Nos han arrebatado algo y no es difícil imaginar que eso va a producir tristeza. Si le quitas un juguete a un niño pequeño, o si su madre se va, es perfectamente lógico que su carita se descomponga y que llore como si le hubieran roto el corazón. La tristeza tiene sentido. Pero siempre he encontrado que la fuerza del enfado que experimentamos durante la aflicción es notable y un tanto desconcertante. ¿Por qué estamos tan enfadados? ¿Qué es lo que produce el enfado? En ocasiones nuestro enfado está dirigido a la persona que ha fallecido.

Pero podemos estar enfadados con una serie de personas, incluidos los médicos e incluso Dios. Este enfado está motivado por algo distinto al enfado que sentimos hacia la persona que ha muerto. Si le quitas un juguete a un niño pequeño, es posible que grite enfadado. Y, sin duda, en ocasiones le devuelves el juguete porque ves cuánto le ha afectado. Pero nadie puede devolvernos a una persona que ha fallecido.

No poder percibir a nuestro ser querido que ha muerto y sentir en algún nivel que nos está ignorando pone en tela de juicio todas las cosas que creemos. Como hicimos mi amiga y yo durante las llamadas telefónicas después de que su pareja desapareciera sin dar explicaciones, después de una muerte pensamos en todos los escenarios posibles. ¿Cómo pudo haber ocurrido esto? ¿Podríamos haberlo evitado? De hecho, las personas que están en duelo suelen contar que no dejan de rumiar. Este bucle de «podríamos/deberíamos haber hecho algo» puede resultar agotador.

Durante la aflicción, no estamos tristes o enfadados simplemente como una reacción a lo que ha ocurrido, como lo estaríamos si nos arrebataran una posesión. En algunos casos, estamos tristes o enfadados con nosotros mismos porque hemos «fracasado» en nuestro intento de mantener a nuestros seres queridos en la dimensión de la cercanía. Este fracaso por nuestra parte, o por su parte, es molesto en muchos sentidos. No tiene que tener ninguna lógica que nuestro cerebro crea que la persona nos ha abandonado. Es posible que sepamos que es ridículo estar enfadados con la persona por haber muerto, o que es inútil estar enfadados con nosotros mismos por no haberla mantenido cerca, pero nos sentimos furiosos de todos modos. De la misma manera en que el cerebro a veces puede creer que nuestro ser querido fallecido está en alguna parte, y quizás nos sintamos motivados a buscarlo, el cerebro también puede creer que si reparamos nuestra relación con ellos, de alguna manera podemos hacer que regrese.

Evidencia de la dimensión cercana en el cerebro

Los psicólogos y los neurocientíficos han estado estudiando la forma en que las diferentes métricas del *aquí,* el *ahora* y la *cercanía* pueden ser codificadas en el cerebro. Una teoría propuesta en 2010 por los psicólogos Yaacov Trope y Nira Liberman en la Universidad de Tel Aviv se llama la teoría del nivel de conceptualización. Esta teoría dice que, cuando las personas no están presentes en el momento en nuestra realidad inmediata, podrían no estar ahí por una serie de diferentes motivos. Estos motivos incluyen la distancia, el tiempo y la cercanía social.[9] Podemos formar ideas abstractas, o constructos, de dónde están o dónde podrían estar. Entonces, aunque no estamos experimentando directamente a la persona a través de nuestros sentidos, podemos usar predicciones, recuerdos y especulaciones para imaginarla. Estas representaciones mentales trascienden la situación inmediata.

La teoría del nivel de conceptualización sugiere también que el cerebro utiliza diferentes dimensiones para producir motivos para la ausencia de una persona (distancia, tiempo y cercanía), de la misma manera en que yo he estado aplicando el concepto de las dimensiones para localizar a nuestros seres queridos vivos. Dado que nuestra representación mental de nuestro padre, nuestra madre o nuestra pareja incluye la dimensión de que están psicológicamente cerca, podemos aplicar este conocimiento para hacer predicciones. Podemos predecir con confianza que si no están donde esperamos que estén, se sentirán motivados a hacernos una llamada, o a venir a casa. Por otro lado, no predecimos este comportamiento para las personas que no son cercanas a nosotros. No esperamos que el director de una empresa para la que trabajamos nos llame cuando no va a trabajar. Si no hemos ido a nuestro café habitual, tampoco esperamos que el barista nos llame.

La teoría del nivel de conceptualización sugiere que el cerebro codifica de una forma similar estas dimensiones del *aquí, ahora* y *cerca,* y que incluso utilizamos el lenguaje para describir estas dimensiones de forma intercambiable. Por ejemplo, si describo algo como «muy alejado», podría entenderse también que significa que algo está muy lejos en el tiempo (esa cita todavía está muy alejada), muy lejos en el espacio (el balón está muy alejado en el campo), o que alguien es psicológica-

---

9. Y. Trope y N. Liberman (2010), «Construal level theory of psychological distance», *Psychological Review* 117, p. 440, doi: 10.1037/a0018963.

mente distante o no se relaciona bien con las otras personas en el grupo (ese tipo al que conocimos hoy parecía muy alejado).

Un par de estudios sobre las neuroimágenes realizado en la década de 2010, respalda la idea de que el cerebro podría tener una región que registra esos diferentes tipos de dimensiones de una manera similar. Para demostrar esto, los participantes vieron fotografías mientras estaban dentro de un escáner de resonancia magnética.[10] Un grupo de fotos mostraba una bola de bolos a diferentes distancias en un pasillo. Otro grupo de fotos mostraba palabras que se utilizan para describir el tiempo, como «en unos segundos» y «dentro de unos años». Un último grupo de fotografías mostraba a amigos íntimos y simples conocidos de la persona que estaba siendo escaneada. Después de que los participantes vieran fotos de cada uno de los tres grupos, emitieron juicios acerca de cuán lejos estaban las cosas. Increíblemente, la misma parte del cerebro fue utilizada para registrar la diferencia entre los pares de fotos que estaban «cerca» y «lejos». Para los que estáis interesados en las regiones del cerebro, esta región es el lóbulo parietal inferior derecho (LPI). Esto quiere decir que las neuronas codifican diferentes distancias y el cerebro utiliza ese código común para la proximidad con uno, independientemente de si está considerando el tiempo, el espacio o la cercanía psicológica. Uno podría pensar que tendría más sentido que el cerebro considerara el tiempo en una región cerebral, el espacio en otra y la cercanía psicológica en otra. Pero por lo visto es más eficiente para el cerebro representar los aspectos de la distancia en la misma región computacional, dado que tienen una métrica común.

Hubo otro estudio fascinante e inteligente de las neuroimágenes realizado por las neurocientíficas Rita Tavares y Daniela Schiller que descubrió cómo está codificada la cercanía psicológica en el cerebro. Tavares escaneó el cerebro de varias personas mientras jugaban a un juego de «elige tu propia aventura".[11] Quizás recuerdes haber leído los

10. C. Parkinson, S. Liu y T. Wheatley (2014), «A common cortical metric for spatial, temporal, and social distance», *Journal of Neuroscience* 34/5, pp. 1979-1987.
11. R. M. Tavares, A. Mendelsohn, Y. Grossman, C. H. Williams, M. Shapiro, Y. Trope y D. Schiller (2015), «A map for social navigation in the human brain», *Neuron* 87, pp. 231-243.

libros de «elige tu propia aventura» en tu infancia. Podías elegir lo que tú, como el personaje principal, ibas a hacer en la historia (dentro de una serie de opciones limitada) y luego pasabas a la página de la opción que habías elegido para que la historia continuara. En el caso del estudio de Tavares sobre las neuroimágenes, cada persona que era escaneada tenía el papel del personaje principal. En un escenario, una nueva amiga, Olivia, sugería que tú fueras la persona que conduciría el automóvil en esta aventura. Podías elegir sentarte en el asiento del conductor mientras ella te daba indicaciones. O podías decidir que no confiabas lo suficiente en Olivia para seguir sus indicaciones y, dado que tú no sabías hacia dónde ir, podías sugerir que ella fuera la que condujera. En otro ejemplo, Olivia te ofrecía un abrazo y tú podías elegir responder dándole una palmadita en la espalda o abrazándola durante un momento prolongado, basándote en la cercanía que hubieras desarrollado durante la historia.

La dimensión de la cercanía psicológica era medida desde el participante en el estudio (el personaje principal) hasta los demás personajes en el juego, cuantificando lo cercana que se sentía la persona que estaba siendo escaneada a las otras que aparecían en la historia. El nivel de cercanía evolucionaba durante el escaneo, mientras la historia se desarrollaba según las decisiones tomadas por la persona que estaba siendo escaneada. Luego, las investigadoras utilizaron la geometría para calcular el cambio en lo cercano que se sentía el participante a cada uno de los personajes durante el transcurso del juego. Cuando el participante desarrollaba una relación más estrecha con otro personaje en el juego, los investigadores podían registrar que la distancia se acortaba. Sorprendentemente, los resultados del estudio confirmaron las predicciones de las científicas. Una parte del cerebro estaba, literalmente, monitoreando qué personajes pasaban a formar parte del círculo íntimo» del participante, o superaba su propio estatus y se volvía más distante a medida que iba «ascendiendo en la escalera corporativa» hacia el final del juego. La región del cerebro que mide el nivel de *cercanía* entre las personas es la corteza cingulada posterior (CCP), una región de la que te contaré más en el capítulo 4. En otras palabras, la distancia psicológica entre el participante y los personajes estaba codificada como un patrón de activación neuronal en la CCP. Además, el hipocampo rastreaba «dónde» acababa estando el personaje en este espacio social, utilizando la capacidad especial del hipocampo para la navegación social, similar a la forma en que mapea la navegación espacial. Incluso como neurocientífica, me sorprende el ingenio del cerebro al desarrollar un mapa neural que rastrea cuán cercanos nos sentimos a las personas, incluso en un espacio abstracto.

Este estudio ofrece evidencia de que el sentido efímero de la cercanía con nuestros seres queridos existe en el *hardware* tangible, físico, del cerebro. Un cambio en nuestra sensación de cercanía con otras personas aparece en la corteza cingulada posterior y es transmitido a nuestra percepción consciente. Como una analista inteligente, la CCP absorbe cientos de pequeños bits de información de los agentes sensoriales del cerebro en el mundo. Como un equipo de detectives policiales poniendo hilos rojos entre los sospechosos en un tablero de investigación, la CCP se actualiza constantemente para las conexiones entre nosotros y los demás, acortando los hilos a medida que nos vamos sintiendo más cercanos a otra persona y alargando las conexiones cuando detecta una mayor distancia. Durante un tiempo después de la muerte de un ser querido, los mensajes entrantes parecen confusos. En ocasiones, la cercanía con nuestro ser querido que ha fallecido nos parece increíblemente visceral, como si estuviera presente en la habitación, *aquí* y *ahora*. En otras ocasiones, el hilo parece haberse caído del tablero: no está más corto ni más largo que antes, sino que nos ha sido robado del todo.

Cuando un ser querido muere, tu cercanía en tu relación con él se transforma. Esa transformación funciona de distintas maneras para las diferentes personas, dado que cada relación es única. La psiquiatra Kathy Shear, de Columbia, dice que «la aflicción es la forma que adopta el amor cuando alguien a quien amamos muere».[12] Muchas culturas enfatizan que se debe abandonar el vínculo con el ser querido para poder enfrentar la realidad de que ya no está aquí. Algunas culturas enfa-

---

12. M. K. Shear (2016), «Grief is a form of love», en R. A. Neimeyer, ed., *Techniques of grief therapy: Assessment and intervention*, pp. 14-18 (Abingdon: Routledge/Taylor & Francis Group).

tizan que los que han sufrido la pérdida de un ser querido deberían continuar la relación y comunicarse con él, o incluso tienen rituales a través de los cuales son transformados en una presencia continua como un ancestro. La ciencia psicológica los llama vínculos continuos. Estos vínculos son únicos en cada relación, y las personas que hemos entrevistado para la investigación nos han relatado generosamente algunos de sus momentos íntimos. Un ejemplo provino de una mujer joven cuyo marido había fallecido. La pareja había compartido el amor por la música, y ella continuaba sintiéndose conectada a él a través de las canciones que oía. Me contó que recordaba que una tarde estaba conduciendo su coche y cada canción que sonaba en la radio parecía estar relacionada con él de alguna manera. Su visión de que él era el DJ de su viaje a casa la hizo reír, y la relación continua la consolaba.

En una época, los médicos occidentales creían que los vínculos continuos eran señal de una aflicción no resuelta y que romper esa conexión con un diálogo interno con la persona fallecida nos permitía crear vínculos más fuertes con los seres queridos que estaban vivos. Un estudio más reciente ha mostrado que, aunque existe una amplia variación en esas relaciones internas, muchas personas se adaptan bien manteniendo una conexión con el ser querido fallecido. Una viuda me contó que cuando hablaba con su hijo adolescente, sentía que su marido fallecido la ayudaba a encontrar las palabras adecuadas. Otra mujer me dijo que le escribía cartas a su marido muerto, haciéndole todo tipo de preguntas acerca de lo que debería hacer y cómo. Los vínculos continuos no sólo se mantienen a través de conversaciones; también pueden incluir llevar a cabo los deseos o los valores de la persona fallecida. Ningún estudio ha investigado todavía si la cercanía de estos vínculos continuos puede ser mapeada en el cerebro. Algún día quizás tengamos una respuesta a cómo funciona este tipo de cercanía en el nivel neural.

Lazos que unen

Los vínculos de apego, y los vínculos continuados resultantes, son las ataduras invisibles que nos motivan a buscar a nuestros seres queridos y a obtener consuelo de su presencia. Cuando nos enamoramos, desarrollamos estos vínculos con nuestra pareja. La neuroquímica de nuestro cerebro y nuestro cuerpo estimula, y es estimulada por, el enamoramiento. Otra manera de pensar en enamorarse, o entrar en una relación de largo plazo con otra persona, es el proceso de superponer nuestras identidades. Al incluir al otro en el yo, nos convertimos en círculos que se superponen.

Incluso se podría pensar en esto como una fusión de recursos, de manera que llegamos a sentir que lo que es mío es tuyo, y lo que es tuyo es mío. La naturaleza duradera de los vínculos, como los vínculos de pareja, separa una relación de apego de una relación transaccional. En una relación transaccional, como la relación con un colega o con un conocido, tenemos en consideración si estamos poniendo más esfuerzo, tiempo, dinero o recursos que la otra persona en la relación, y cuánto estamos obteniendo de ella. Cuando hay apego, ambas personas tienen acceso a recibir ayuda en las ocasiones en las que más la necesitan. Los ejemplos incluyen apoyo y cuidados cuando una de las partes está enferma, dar a la otra persona el beneficio de la duda, o defender la reputación del otro. En una relación sana y mutua, tenemos estos comportamientos, no porque vayamos a obtener algo equivalente a cambio, sino porque ésas son expresiones de amor y cariño. De hecho, los estudios muestran que apoyar desinteresadamente tiene beneficios para la salud del que lo ofrece, así como para el que lo recibe.

Como un ejemplo concreto de recursos que se fusionan, cuando dos personas viven juntas durante mucho tiempo, ya no existe la cuestión de quién es el dueño del sofá. Pero no me refiero sólo a las cosas materiales. También sentimos otras superposiciones. Por ejemplo, no recordamos necesariamente quién tuvo la idea de hacer un viaje maravilloso juntos, una experiencia que ambos disfrutaron. Quizás confundamos cuál de los dos dijo algo particularmente ocurrente en una conversación cuando contemos la historia más adelante. La superposición de nuestros recursos es una superposición de nuestras identidades, cuando «nosotros» se vuelve más importante que «tú» y «yo». El enamoramiento viene acompañado de una rápida expansión de estos recursos, aunque quizás no lo describamos conscientemente así, y la expansión es un sentimiento agradable y emocionante. Del mismo modo, después de perder a una persona, hay una contracción negativa proporcionalmente intensa. Es posible que te preguntes quién eres ahora, o cuál es tu propósito, sin la otra persona. Si tu hijo ha muerto, ¿ya no eres una madre? O quizás sientas que no puedes seguir viviendo sin tu pareja. Quizás no sepas qué hacer en situaciones en las que anteriormente decidíais las cosas juntos. Al no poder contarle los acontecimientos del día cuando llegas a casa por la noche, es posible que sientas casi como si no hubieran ocurrido.

La aflicción emerge en forma de angustia, causada por la ausencia de una persona específica que llenaba nuestras necesidades de apego y, por lo tanto, era parte de nuestra identidad y de nuestra forma de funcionar en el mundo. Podemos examinar otras situaciones que también producen aflicción y ver que comparten algunos aspectos de esta definición. La pérdida que experimentamos a través del divorcio (o la ruptura de una relación de pareja) es claramente muy similar. La pérdida de un empleo, por jubilación o porque te han despedido, es la pérdida de la identidad que te ha ayudado a funcionar en el mundo. La pérdida de la salud, la pérdida de una extremidad o de la vista, son todas pérdidas de una función, pero también son experimentadas como la pérdida de una parte de quien eres. Aunque creo que en la neuroquímica del cerebro la aflicción evolucionó en origen específicamente para hacer frente a la muerte de un ser querido, estas otras situaciones similares hacen uso de esa capacidad que ha evolucionado, y reconocemos esa experiencia interna como aflicción.

Sentir aflicción por gente famosa

Si la aflicción nos afecta debido a la pérdida de la cercanía, entonces, ¿por qué sentimos una aflicción tan intensa cuando muere una persona famosa a la que nunca conocimos personalmente? Michael Jackson murió en el hospital Ronald Reagan de la UCLA, a tan sólo una manzana de distancia de mi oficina de aquella época. Quizás recuerdes que después de eso, la acera del hospital estaba llena de flores, juguetes de peluche y tarjetas. Más recientemente, la muerte inesperada del actor Chadwick Boseman provocó fuertes manifestaciones de dolor en las redes sociales. Dado lo que he dicho acerca de que el apego (y los vínculos) es fundamental para la aflicción, parecería contradictorio que la gente experimente un dolor tan intenso por la muerte de una persona a la que jamás conocieron personalmente y con la que nunca se toparon en la vida real.

Este tipo de aflicción se denomina *aflicción parasocial*. Es muy real y va más allá de la evidencia anecdótica de personas que han sentido una pérdida por la muerte de una celebridad. Las personas están representadas en la realidad virtual de nuestro cerebro, y las celebridades pueden tener una vida muy real en nuestra mente. Tenemos una sorprendente cantidad de acceso a lo que las personalidades famosas presentan como su estilo de vida y sus creencias, sus amistades y sus relaciones sentimentales, lo que les gusta y lo que no. Este tipo de información no es necesariamente suficiente para formar un vínculo de apego; sin embargo, si pensamos en cuáles son los prerrequisitos para el apego, nuestras relaciones con músicos famosos y con celebridades pueden cumplir con los criterios en cierta medida. En primer lugar, la persona debe satisfacer nuestras necesidades de apego. Esto quiere decir que la persona está disponible cuando necesitamos recurrir a alguien en nuestros momentos más sombríos. ¿Quién no ha visto una maratón de una serie en la que sale su actor favorito o actriz favorita (en mi caso, es Gillian Anderson), para escapar de la dolorosa realidad a la que se enfrenta? Durante años, llevé siempre conmigo la cinta de *Little Earthquakes* para escucharla en mi *walkman* cuando me sentía sola o triste o abrumada. El tiempo que pasamos en comunión con esa persona famosa –en un estado emocional, y posiblemente intensificado por el hecho de bailar y gritar con un grupo de personas afines, o incluso de consumir alcohol y drogas– puede asemejarse al tiempo que pasamos en el vínculo de apego.

Sin embargo, el apego requiere otro aspecto, además de creer que la persona va a estar ahí para apoyarnos. Esa persona también tiene que parecer especial, diferente a los demás, ser nuestra persona especial. Después de la muerte de Michael Jackson, un amigo me dijo que en su adolescencia como joven negro en los ochenta o admirabas a Michael Jackson o admirabas a Prince. En los pasillos de las escuelas secundarias se producían interminables debates acerca de cuál de los dos era mejor, pero al final, pertenecías a un bando o al otro. Elegíamos a los famosos a los que amábamos, con quienes nos identificábamos, los que considerábamos los más talentosos, los más sexis o los mejores. A menudo nos sentíamos cercanos a los músicos: sentíamos que podíamos confiar en ellos, porque en las letras de sus canciones decían lo que nadie más decía. En cierto modo, los famosos son «tuyos». Y sentimos un poco como si nos conocieran, porque ellos dicen lo que sentimos en lo más profundo, pero no lo admitimos ante nadie. ¿Cómo hubieran podido escribir esas letras si no te entendiesen profundamente, si no te estuvieran hablando directamente? La pérdida de esa celebridad no es sólo la pérdida de una que nos ayudó a definirnos, sino que también es la aflicción por una época de nuestras vidas que nunca va a regresar. Esa tristeza es real porque sentimos la pérdida de una parte de nosotros mismos.

Perder una parte de ti

Una de las preguntas que planteo, cuando estoy entrevistando a una persona afligida para un estudio de investigación, proviene de una escala psicológica que mide la intensidad de la aflicción de las personas. Nunca olvidaré la reacción de una mujer a una pregunta específica. Le pregunté, «¿Alguna vez ha sentido que una parte de usted murió cuando su marido falleció?». Sus ojos se abrieron como platos y me miró fijamente, con una expresión que decía, *¿Cómo lo sabe?* «Así es exactamente como me siento», replicó.

Si la cercanía psicológica puede hacer que nos sintamos tan cerca de otra persona que nos superponemos con ella, el cerebro debe de procesar eso y registrar la superposición de la otra persona con nuestro propio ser. Imagina conducir por una calle con varios carriles. Tú estás conduciendo por el medio del carril, aunque esa descripción no es completamente exacta. Después de todo, no pones tu cuerpo en medio del carril, porque entonces el coche estaría más en el carril hacia tu derecha. Los conductores experimentados aprenden con bastante rapidez a extender su «cuerpo» para abarcar todo el coche. Sentimos que estamos conduciendo en el centro del carril, pero en realidad estamos centrando el automóvil en el carril y nuestro cuerpo está hacia la izquierda, aunque no sentimos esto conscientemente. En nuestra mente, el coche y nuestro cuerpo están superpuestos. Cuando tenemos esta experiencia, el cerebro está computando esta superposición.

Las personas afligidas suelen describir que han perdido una parte de ellas mismas, como si tuvieran un miembro fantasma. Las sensaciones de miembros fantasma ocurren en muchas personas a quienes les han amputado una extremidad. Aunque les falta un brazo, por ejemplo, continúan teniendo la sensación de que les pica. Antes se creía que era un fenómeno enteramente psicológico, pero los estudios han demostrado que las sensaciones son en realidad una actividad de los nervios. Los investigadores creen que la parte del cerebro que contiene un mapa de nuestro cuerpo ya no se corresponde con las sensaciones nerviosas periféricas.[13] Por lo tanto, a pesar de la ausencia de nervios periféricos activados en el miembro fantasma, el mapa del cerebro todavía no se ha reconfigurado, no se ha actualizado para ignorar esa parte del cuerpo, de manera que las sensaciones persisten y suelen ser dolorosas.

Se podría pensar que ésta es simplemente una metáfora para decir que, cuando un ser querido muere, perdemos una parte de nosotros mismos, pero como hemos visto, las representaciones de nuestros seres queridos están codificadas en nuestras neuronas. Las representaciones de nuestros propios cuerpos también están codificadas en nuestras neuronas, tal como lo demuestran los miembros fantasma. Estas representaciones de uno mismo y de la otra persona, esta cercanía, están mapeadas como una dimensión en el cerebro. En consecuencia, el proceso del duelo no es sólo un cambio psicológico o metafórico. El duelo requiere también una reconfiguración.

Neuronas espejo

La evidencia de la cercanía incluye una codificación neuronal superpuesta de uno mismo y el otro. Esta evidencia ha sido demostrada

---

13. K. L. Collins *et al.* (2018), «A review of current theories and treatments for phantom limb pain», *Journal of Clinical Investigation* 128/6, p. 2168.

concretamente a través de otro grupo de estudios científicos. Las adecuadamente denominadas neuronas espejo están diseñadas para activarse tanto para nuestras propias acciones como para las de otra persona. En los noventa, fueron descubiertas en la región premotora del cerebro, aunque han sido halladas también en algunas otras regiones. Esta superposición en los patrones de activación neuronal para uno mismo y para otra persona pueden verse durante el mimetismo.[14] Si le muestras a un mono que estás haciendo algo con tu mano (sostener un plátano, por ejemplo), algunas de sus neuronas se activarán tanto cuando te observe sosteniendo el plátano como cuando él mismo sostenga el plátano. Dicho de otro modo, las neuronas que se activan cuando ejecutamos una acción por nuestra cuenta se activan cuando observamos la misma acción siendo realizada por otra persona.

A pesar del amplio interés en las neuronas espejo, las neuroimágenes humanas no tienen suficiente alta definición para detectar las neuronas espejo individuales en los humanos. En las neuroimágenes de los humanos, observamos las regiones cerebrales, o poblaciones de muchas neuronas, mientras que en los monos somos capaces de detectar la activación de neuronas individuales a través de métodos de registro invasivos. Dicho esto, ha habido un registro de actividad neuronal espejo a partir del registro eléctrico de un paciente neuroquirúrgico. Incluso en una evidencia tan mínima en humanos, no tenemos ningún motivo para creer que un sistema neuronal trabajaría de una forma completamente distinta en primates tan estrechamente relacionados como los monos macacos y los humanos.

No importa cuán cercanos seamos a otra persona, aun así somos capaces de distinguir entre el yo y el otro. En un estudio de primates, dos monos sostenían cada uno su propio plátano. Imagina un diagrama de Venn que representa las neuronas en el cerebro del Mono 1. El círculo de la izquierda representa las neuronas que se activan cuando el Mono 1 piensa en sostener su propio plátano y el círculo de la derecha representa las neuronas que se activan cuando el Mono 1 piensa

---

14. G. Rizzolatti y C. Sinigaglia (2016), «The mirror mechanism: A basic principle of brain function», *Nature Reviews Neuroscience* 17, pp. 757-765.

que en el Mono 2 sosteniendo su propio plátano. Estos círculos se superponen un poco, lo cual significa que algunas de las mismas neuronas se activan cuando el Mono 1 piensa en sí mismo sosteniendo un plátano y cuando piensa en el Mono 2 haciendo lo mismo. Pero además hay dos partes que no se superponen. Esto significa que el Mono 1 es capaz de distinguir su propia acción de la acción del Mono 2, incluso cuando las neuronas que se superponen indican evidencia de la identidad superpuesta y de la experiencia compartida, el tipo de cercanía específica que también vemos en los humanos.

Interés empático

La maquinaria neurológica nos permite sentirnos cercanos a otra persona, y esa maquinaria incluye imitar los actos de otros sintiendo esos actos como si los estuviéramos realizando nosotros mismos. He estado utilizando estos hallazgos neurocientíficos para explicar que podríamos sentir que nos superponemos con un ser querido y lo que ocurre cuando esa persona fallece. Pero también podemos extender esto a la idea de la «cercanía en la aflicción» o cómo nos sentimos cuando estamos cerca de alguien que está en duelo. Cuando un amigo está en duelo, cuando está aprendiendo a adaptarse a sentir que le falta una parte de sí mismo, eso afecta también a las personas que se preocupan por él, normalmente de una forma muy profunda.

Quizás te sorprenda enterarte de lo contagiosa que puede llegar a ser la tristeza. Podemos sentir las emociones que otra persona está sintiendo mediante la simulación de ese mismo sentimiento en nosotros mismos. La ciencia ha demostrado esto estudiando los ojos, que son la ventana a los estados emocionales, e incluso a las almas. En un estudio realizado por los psiquiatras británicos Hugo Critchley y Neis Harrison,[15] se mostraron a los alumnos voluntarios imágenes de ros-

---

15. N. A. Harrison, C. E. Wilson y H. D. Critchley (2007), «Processing of observed pupil size modulates perception of sadnss and predicts empathy», *Emotion* 7/4, pp. 724-729, https://doi.org/10.1037/1528-3542.7 .4.724.

tros con expresiones felices, tristes o enfadadas. Aunque los estudiantes no lo sabían, el tamaño de las pupilas de los ojos en esas imágenes había sido modificado digitalmente, haciendo que variaran de pequeñas a grandes (dentro de unos límites biológicos realistas). Los estudiantes calificaron las expresiones tristes como más intensamente tristes cuando las pupilas de los rostros eran más pequeñas. Lo más importante para pensar en el contagio es que las pupilas de distintos tamaños tuvieron un impacto en las calificaciones que hicieron los alumnos de la intensidad de la tristeza. Aquellos que eran muy sensibles a las diferencias entre los ojos también tenían niveles de empatía más altos. Y cuanto mayor era la constricción de la pupila en las imágenes de las caras tristes, más se constreñían las pupilas de los propios estudiantes cuando eran medidas con un pupilómetro. Este tipo de contagio emocional, en el cual las pupilas de una persona observada pueden afectar a la experiencia emocional y a la fisiología del observador, puede ocurrir incluso cuando el observador no es consciente de ello. Los alumnos no sabían que el tamaño de sus propias pupilas estaba cambiando en respuesta a las fotografías. Al parecer estamos programados para ser influenciados por las personas que nos rodean, para ser sensibles a las señales de lo que están sintiendo: en otras palabras, estamos programados con los componentes básicos de la cercanía.

El contagio emocional puede ser algo malo. De la misma manera en que el mono que no podría saber quién estaba sosteniendo el plátano si sólo tuviera neuronas espejo, sentir todo lo que las personas que están cerca de nosotros están sintiendo podría ser abrumador y podría hacer que te alejes de ellas si están tristes o enfadadas. Sin embargo, actualmente los científicos hacen una distinción entre la empatía y la compasión. Además de ser sensible a lo que los otros están sintiendo, la compasión se define también como tener la motivación de interesarte por su bienestar. Como explica el neurocientífico Jean Decety de la Universidad de Chicago, en realidad la empatía tiene tres aspectos. Éstos son *la toma de perspectiva cognitiva*, la *empatía emocional* y la *compasión*.

El aspecto cognitivo de la empatía es la capacidad de ver o imaginar la perspectiva de la otra persona, sin relación con sus sentimientos. Si estás sentado frente a frente con alguien, sabes que esa persona no puede ver la escena que tú estás viendo detrás de ella. Pero, debido a que puedes asumir su perspectiva, entiendes que, si alguien entra en la habitación por detrás de ella, la persona que tienes delante no se percatará. Tendrías que decirle que esa persona ha llegado. Esa capacidad de tomar la perspectiva de alguien es un ejemplo del aspecto cognitivo de la empatía. La empatía emocional, por otro lado, es ser capaz de sentir como se está sintiendo otra persona. Por ejemplo, si tu amiga y tú estáis esperando el mismo ascenso en el trabajo y tú lo consigues, es posible que te pongas en su lugar y sientas su decepción, a pesar de que te sientes feliz por tu suerte. Y la compasión, o el interés, va más allá de la empatía. Es la motivación para ayudar o consolar a la persona cuando puedes asumir su punto de vista y saber cómo se está sintiendo.

Cuando una persona afligida ha perdido las dimensiones de *aquí,* *ahora* y *cerca,* sus emociones pueden ser intensas, o es posible que se sienta adormecida. La compasión de un amigo que es cercano en la aflicción no llenará el hueco donde su ser querido fallecido ha sido arrancado de su sentido del «nosotros». Pero pondrá apoyos alrededor de ese agujero, mientras tu amiga empieza a recomponer su vida. Al menos le ayudará a atravesar la confusión acerca de lo ocurrido mientras su vida está patas arriba, y ése es el tema que trataremos a continuación.

CAPÍTULO 3

Creer en los pensamientos mágicos

Hace unos años, falleció un colega que era mayor que yo. En los meses posteriores, pasé algún tiempo con su viuda. Su marido, que había sido un destacado investigador del sueño, había viajado con mucha frecuencia para asistir a conferencias académicas. Una noche, mientras estábamos cenando, ella negó con la cabeza y me dijo que no sentía que él se hubiera marchado. Sentía que simplemente estaba de viaje otra vez y que regresaría en cualquier momento. Las personas que están pasando por el duelo suelen decir este tipo de cosas con mucha frecuencia. Pero no están delirando; pueden explicar, simultáneamente, que saben cuál es la verdad. No están demasiado asustadas emocionalmente para aceptar la realidad de la pérdida, ni tampoco están en negación. Otro famoso ejemplo de esta creencia proviene del libro de Joan Didion, *The Year of Magical Thinking*.[16] Didion explica que fue incapaz de regalar los zapatos de su marido muerto, porque «quizás él los volvería a necesitar». ¿Por qué *creeríamos* que nuestros seres queridos van a regresar, si *sabemos* que eso no es cierto? Podemos encontrar

---

16. Publicado en español como *El año del pensamiento* mágico, (Penguin Random House Grupo Editorial, 2019).

respuestas a esta paradoja en los sistemas neurales de nuestro cerebro, sistemas que producen diferentes aspectos de conocimiento y los transmiten a nuestra consciencia.

Si una persona a la que amamos está ausente, entonces nuestro cerebro da por sentado que está lejos y que la encontraremos más tarde. La idea de que la persona simplemente ya no está en este mundo dimensional, de que no hay ninguna dimensión de *aquí, ahora* y *cerca,* no es lógica. En el capítulo 5 te hablaré más de la neurobiología de por qué *queremos* encontrarla. En este capítulo, sin embargo, la pregunta a considerar es: ¿por qué *creemos* que la encontraremos?

Aportaciones evolutivas

El psicólogo John Archer, en su libro *The Nature of Grief,* señalaba que la evolución nos ha proporcionado una poderosa motivación para creer que nuestros seres queridos regresarán, incluso cuando la evidencia nos dice lo contrario. En nuestros inicios como especie, aquellos que persistían en la creencia de que su pareja regresaría con alimento se quedaban con sus hijos. Los hijos de aquellos padres que esperaban con ellos tenían mayores probabilidades de sobrevivir. Observamos este fenómeno en el reino animal. En *La marcha de los pingüinos* vemos a un pingüino emperador padre incubando a su huevo en el inhóspito polo sur, mientras que la madre va a buscar alimento en el helado mar. Su motivación de permanecer con el huevo es destacable: el pingüino macho ayuna durante aproximadamente cuatro meses esperando a que su pareja regrese. Además, debo mencionar que los pingüinos que tienen pareja del mismo sexo son igualmente buenos padres. Las parejas formadas por los pingüinos machos Roy y Silo en el zoológico de Central Park incubaron y criaron a un dulce pingüino bebé llamado Tango.[17]

Independientemente de quiénes sean los padres, la clave aquí es que uno de ellos debe perseverar, durante una larga ausencia en la An-

---

17. https://www.nytimes.com/2004/02/07/arts/love-that-dare-not-squeak -its-name.html

tártida, en la creencia de que su pareja regresará con alimento. Si uno de los progenitores decide que su pareja no va a volver, y se va al mar a pescar, entonces el huevo no eclosiona, o la cría muere. Aquellos pingüinos que persisten en su creencia de que su pareja va a regresar, y la esperan, son mucho más exitosos. En la película vemos que, entre miles de pingüinos, la madre que regresa encuentra a su pareja porque reconoce su llamada muy específica. Éste es un fenómeno destacable, con todos esos animales superando adversidades aparentemente insuperables.

¿Qué es lo que permite que el padre incubador permanezca sobre el huevo, ayunando durante meses? ¿Cuál es el mecanismo de este apego, o qué es lo que crea ese lazo invisible entre la pareja? El vínculo entre los padres es emocionante. A principios de la estación, los enamorados pasan tiempo con sus cuellos entrelazados, diciéndose cosas dulces el uno al otro. Simultáneamente, sus cerebros están experimentando una transformación fisiológica. Las neuronas están grabando el recuerdo de ese pingüino en particular, identificando las neuronas con marcadores que significan que es poco probable que olviden la apariencia, los olores y los sonidos de este pingüino en concreto. En el cerebro, su pareja deja de ser un pingüino irreconocible y pasa a ser *el* pingüino de gran importancia. Durante todo el tiempo en que los pingüinos están separados, y el huevo se va incubando, el recuerdo del otro no es sólo un recuerdo. Es un recuerdo que está adherido a una creencia o motivación específica: «Espera a que regrese. Ese pingüino es especial. Te pertenece». En los humanos también, es *porque tu ser querido existió* por lo que ciertas neuronas se activan juntas y ciertas proteínas se pliegan en tu cerebro de formas particulares. Es porque tu ser querido vivió, y porque os amabais, por lo que eso significa que cuando la persona ya no está en el mundo exterior, continúa existiendo físicamente en el cableado de las neuronas de tu cerebro.

La aflicción en los primates

Aunque *La marcha de los pingüinos* es un ejemplo vívido y útil de lo que ocurre cuando unos seres perseveran en la creencia de que el ser amado regresará, una película de Disney no es la base científica de la evidencia. Después de todo, no descendemos de los pingüinos. Otra manera de ver la evidencia evolutiva es observando el comportamiento de aquellos que comparten un ancestro común. Los chimpancés son los parientes vivos más cercanos de los humanos, ya que ambas especies descienden de un ancestro simio común.

Varias comunidades de chimpancés en el mundo se han convertido en fuente de observación científica, incluyendo los famosos chimpancés de Gombe que fueron documentados por Jane Goodall, y los chimpancés de Bossou estudiados por los investigadores del Instituto de Investigación de Primates de la Universidad de Kyoto. Como reacción a la muerte de una cría, las madres chimpancés altamente evolucionadas sostienen en sus brazos a sus bebés durante días después de su deceso. Las madres chimpancés (y, en otros casos, simios y monos) continúan llevando en sus brazos y cuidando a sus crías después de su muerte, entre unos días y un mes o dos. Esto ha sido documentado decenas de veces, con extensas observaciones de quién, cuándo, dónde y cómo. Una madre chimpancé llamada Masya tuvo en sus brazos a su bebé durante tres días, a menudo mirando atentamente su cara.[18] Ella continuó cuidando del pequeño, llevando en sus brazos cuidadosamente a la cría sin vida, incluso cuando eso le dificultaba el comer y el moverse. Llevar a la cría en sus brazos es un comportamiento inusual en las madres, porque los bebés chimpancé normalmente se agarran de ellas, lo cual les deja las manos libres para realizar otras actividades. Durante ese tiempo, Masya dejó de interactuar con su grupo y no se acicalaba en absoluto. Nunca trató de darle el pecho al bebé, lo cual nos sugiere que sabía que ya no estaba vivo. En una respuesta compasiva por parte de la comunidad, otros chimpancés del grupo empezaron a acicalar a Masya, mientras ella se concentraba resueltamente en su cría. Gradualmente, su comportamiento pasó del contacto constante y la protección a finalmente ser capaz de dejar el cuerpo de la cría permanentemente.

---

18. K. Cronin, E. J. C. van Leeuwen, I. C. Mulenga y M. D. Bodamer (2011), «Behavioral response of a chimpanzee mother toward her dead infant», *American Journal of Primatology* 73, pp. 415-421.

En una situación distinta, cuando una cría de chimpancé moría a causa de una enfermedad potencialmente contagiosa, los investigadores retiraban el cuerpo al cabo de cuatro días. Después de eso, la madre chimpancé buscaba a su bebé, vocalizando todo el tiempo. Este comportamiento no se observa cuando se permite a la madre dejar a la cría cuando ella lo considera adecuado.

Al pasar esos días con el cuerpo de la cría, la madre chimpancé experimenta su muerte inequívocamente. De esta manera, la creencia que el apego crea, el pensamiento mágico de que este ser especial siempre estará ahí, es desmentido por la propia experiencia de la madre. Es probable que los eventos culturales humanos como los funerales, los velatorios y las conmemoraciones sirvan a un propósito similar. Preparar para una conmemoración incluye llamar a la familia y a los amigos, y hablarles de la muerte y escuchar sus condolencias. Recuerdo que la mañana después de la muerte de mi padre desperté y nuestra mesa de comedor estaba cubierta con una docena de centros de mesa de flores que mi hermana había creado para su conmemoración. Pude sentir que el acto de crearlos, el tiempo que le había tomado escoger los floreros y añadir las cintas, era su forma de procesar el hecho de la pérdida. Cuando la familia y los amigos viajan muchos kilómetros, se ponen ropa especial y se reúnen para dar abrazos, sonrisas y amor, todo ello señala el momento como algo distinto, y ese momento graba en nuestra memoria el hecho de la muerte. En muchos funerales vemos el cuerpo de nuestro ser querido dentro de un ataúd, o vemos una urna con sus cenizas, lo cual es la prueba física de que su cuerpo ya no es el receptáculo del alma que amamos. La comunidad reconoce, y muestra explícitamente en su comportamiento, que esa persona ya no va a regresar. Esto refuerza lo que en ese momento el afligido superviviente sólo es capaz de creer a medias. Más adelante, cuando tenemos recuerdos del funeral, esos recuerdos pueden ayudarnos un poco a desentrañar nuestros propios pensamientos mágicos; por mucho que nos cueste creerlo, los servicios conmemorativos son la prueba de que otras personas comparten nuestra comprensión de que nuestro ser querido ya no está con nosotros.

Los recuerdos

Si nos tomamos en serio lo que las personas afligidas nos dicen, entonces parecería que el cerebro puede persistir en dos creencias mutuamente exclusivas. Por un lado, tenemos el claro conocimiento de que nuestro ser querido ha fallecido, pero, por otro lado, tenemos la creencia mágica de que va a regresar. Cuando un ser querido ha fallecido, conservamos el recuerdo del momento en que nos enteramos de su muerte. Este recuerdo podría ser una llamada telefónica informándote que tu hermano ha muerto, que se ha quedado grabada en tu mente con mucho detalle: en qué parte del comedor te encontrabas en ese momento, qué estabas cocinando, cuánto calor hacía o el olor de las cebollas. Esto es lo que se denomina memoria episódica: recuerdos detallados de un evento específico.

Quizás tu recuerdo de la muerte se produjo porque estabas ahí cuando ocurrió. Cuando mi padre falleció en el verano de 2015, mi hermana, una amiga de la familia y yo habíamos estado turnándonos para quedarnos a dormir con él en el hospital que había escogido para recibir cuidados paliativos. En esa noche específica, yo le había dado las buenas noches, pero él ya no respondió. Conseguí dormir unas pocas horas en el sofá de la habitación. En medio de la noche, desperté con una sensación de asombro, una experiencia muy frecuente en esos últimos días (además de los sentimientos de absoluto agotamiento y falta de confianza en que podría aguantar mucho tiempo más). Verifiqué que mi padre estuviera bien y luego decidí salir a caminar, movida por una sensación de asombro similar a la que sentía cuando contemplaba las maravillosas estrellas en el cielo nocturno de la Montana rural. Si alguna vez has estado muy lejos de las luces de la ciudad, sabes que hay muchas estrellas y que pareciera que el cielo estuviera salpicado de arena brillante. Caminé por el sendero circular que rodea al hospital, diseñado para proporcionar a los empleados y a los visitantes un lugar donde estirar las piernas. Regresé a la habitación y mi padre todavía respiraba, muy lentamente. Era realmente asombroso, pensé, que su vida pudiera sostenerse con una respiración tan mínima. Me volví a dormir. Al amanecer, una enfermera se inclinó sobre mí y puso su mano sobre mi hombro. «Creo que ya no está con nosotros», dijo. Me acerqué a la cama de mi padre. Estaba tan sereno y se veía tan pequeño; parecía un niño y un anciano al mismo tiempo. Tenía exactamente el mismo aspecto que unas horas antes, excepto que su respiración había pasado de ser sumamente superficial a ser totalmente inexistente.

Mi experiencia de la muerte de mi padre fue serena y llena de asombro, y fui consolada por seres queridos y profesionales afectuosos. Pude concentrarme en lo que estaba ocurriendo y ahora, cuando lo recuerdo, suelo sentirme tranquila, incluso si estoy triste. Me considero afortunada, porque pude experimentar lo que podría llamarse una buena muerte. Fue de gran ayuda el hecho de que mi padre se encontrara en un programa de cuidados paliativos, diseñado por las personas que más saben sobre cómo crear las condiciones para favorecer una buena muerte. Muchas muertes no son así, en absoluto. Las personas experimentan miedo, terror, dolor, impotencia o un enfado extremo en el momento del fallecimiento de su ser querido, especialmente cuando ocurre en circunstancias violentas o aterradoras, en accidentes o en salas de emergencia. Durante la pandemia del COVID-19, muchas personas no pudieron estar con sus seres queridos cuando éstos fueron ingresados a un hospital y no pudieron estar con ellos cuando fallecieron. Cuando no tenemos la oportunidad de despedirnos, de expresar amor, gratitud o perdón, o cuando no tenemos el recuerdo de haber visto el deterioro físico y la muerte de nuestro ser querido, la ambigüedad puede rodear a la «realidad» de su muerte. Los estudios muestran que una pérdida ambigua, como cuando miembros de la familia desaparecen a manos de un régimen político, o cuando su cuerpo no aparece y son dados por muertos después de un accidente aéreo o en un conflicto armado, eso complica el proceso del duelo. Uno de los motivos podría ser que una parte de nuestro cerebro está programado para creer que nuestro ser querido en realidad nunca falleció, y al no tener evidencias abrumadoras provenientes de nuestro recuerdo de su deterioro o de su muerte, volver a programar nuestra comprensión del hecho puede tomarnos más tiempo o causar un malestar mayor.

La memoria es sumamente compleja. Afortunadamente, también es un área que muchos neurocientíficos y psicólogos cognitivos llevan mucho tiempo estudiando, así que sabemos bastante sobre cómo funciona en el cerebro. El cerebro no funciona como una cámara de vídeo, registrando cada momento todos los días y luego almacenándolo para siempre. Es fácil imaginar que los recuerdos son como un vídeo almacenado en un archivo que el cerebro abre y visualiza cuando recordamos algo. En realidad, los recuerdos funcionan un poco más como la preparación de una comida. Los ingredientes de nuestros recuerdos están almacenados en muchas áreas del cerebro. Cuando recordamos un hecho, esos ingredientes se juntan, añadiendo a la mezcla imágenes, sonidos y olores, el sentimiento que el evento produjo en nosotros, asociaciones con determinadas personas en el hecho y la perspectiva desde la cual vimos las diferentes escenas. Juntos, los recuerdos nos parecen una experiencia sintética de un evento del pasado, de la misma manera en que un bizcocho parece ser una única entidad y no una combinación de harina, azúcar y huevos. Sin embargo, los diferentes bizcochos tienen diferentes sabores, como chocolate y vainilla, aunque aun así son identificables como bizcochos. De una manera similar, el hecho de estar de buen humor o de mal humor cuando recordamos algo afecta a los ingredientes que incluimos en esa versión del recuerdo, quizás haciendo que tenga colores más vivos o que sea más agridulce. En ocasiones, cuando recuerdo la muerte de mi padre, mi recuerdo no está dominado por el asombro que sentí, sino que el recuerdo predominante es mi agotamiento. Y aunque no estoy completamente segura de si la enfermera puso su mano sobre mi hombro o si simplemente desperté cuando me habló, la memoria episódica sigue siendo reconocible para mí cuando se desarrolla en mi mente.

Los recuerdos nos permiten aprender de las situaciones que hemos experimentado, y un evento significativo como la muerte de un ser querido probablemente será priorizado en la base de datos del cerebro. Se podría decir que la memoria episódica es un tipo de conocimiento, de conocimiento de eventos o momentos específicos, al que el cerebro accede debido a su importancia en tu vida.

C. S. Lewis, el autor de *The Chronicles of Narnia*,[19] también escribió, después de la muerte de su esposa, un libro conmovedoramente revelador titulado *A Grief Observed*. En él, escribe:

---

19. Publicado en español como *Cartas sobre Narnia* (Editorial Encuentro, 2010).

Creo que estoy empezando a entender por qué la aflicción se siente como el suspense. Proviene de la frustración de muchos impulsos que se habían vuelto habituales. Mi esposa era objeto de pensamiento tras pensamiento, sentimiento tras sentimiento, acción tras acción. Ahora su objetivo ha desaparecido. Por hábito, continúo poniendo una flecha en la cuerda, y entonces me acuerdo y tengo que bajar el arco. Hay tantos caminos que llevan a los pensamientos hacia H… Solía haber muchos caminos y ahora hay muchos callejones sin salida.

Durante el duelo, es común traer a la mente, repetidamente, un recuerdo episódico como, por ejemplo, el sonido de una voz en el teléfono diciéndote que tu hermano a muerto, o la imagen de tu padre cuando ya no respiraba en su cama de hospital. Mientras una parte de tu cerebro está representando tu recuerdo, otra parte está sintetizando las nuevas experiencias causadas por su ausencia y desarrollando nuevas predicciones, nuevos hábitos y nuevas rutinas. Este conocimiento contrasta con la creencia mágica de que nuestro ser querido está en algún lugar, sólo que no está *aquí, ahora* y *cerca* en este momento.

Dos creencias que son mutuamente exclusivas

El hecho de que podamos experimentar estas creencias mutuas incompatibles quizás sea el aspecto más cruel de nuestra naturaleza humana: que nuestro ser querido ya no esté aquí y que podamos volver a encontrarlo. Durante todo esto, nuestro cerebro mantiene una representación persistente de esa persona, o un avatar de nuestro ser querido, en su mundo virtual. La codificación de esta representación emerge mientras una madre amamanta a su bebé, o durante los momentos íntimos de una pareja. Implícito en esta representación de nuestro ser querido, como una consecuencia del apego, está el hecho de que creemos en la existencia de esa persona de tal manera que creamos una relación eterna con ella, la creencia persistente en el *aquí, ahora* y *cerca*. Las conexiones neurales que sirven como el algoritmo para la representación mental de nuestro ser querido están permanentemente codificadas. Nuestros planes, nuestras expectativas, nuestras creencias sobre el mundo están influidos por este conocimiento implícito, la creencia de que nuestro ser querido regresará, o que podemos encontrarlo. Podemos culpar a ese conocimiento implícito de nuestros pensamientos mágicos.

El conocimiento implícito, que opera por debajo del nivel de la consciencia, influye en nuestras creencias o en nuestros actos. ¿Cómo saben los científicos que el conocimiento implícito existe, si opera por debajo de la consciencia? Si la persona no puede informar de ese conocimiento, entonces sólo podemos ver el efecto que tiene en los actos de las personas. Pero una evidencia convincente de que la maquinaria neural crea conocimiento implícito proviene de los estudios neurocientíficos de personas que han sufrido un daño específico en partes de su cerebro. Un famoso paciente, Boswell,[20] era incapaz de formar nuevos recuerdos debido a un accidente que causó un daño en el lóbulo temporal del cerebro que contiene el hipocampo y la amígdala. Este tipo de déficit de la memoria, la pérdida de la capacidad de crear nuevos recuerdos, se denomina amnesia anterógrada. El paciente no podía reconocer a ninguna de las personas que había conocido en los 15 años que habían transcurrido desde su accidente, ni siquiera a aquéllas con las que tenía contacto diario.

Sin embargo, Boswell seguía teniendo un conocimiento implícito sobre las personas, el cual fue revelado al estudiar detenidamente su comportamiento. Los investigadores se dieron cuenta de que Boswell gravitaba hacia un cuidador específico, mostrando preferencia por él por encima de otros empleados, a pesar de que no era capaz de reconocerlo o de decir su nombre a los investigadores. Aunque no tenía ningún recuerdo episódico de cuándo, dónde y bajo qué circunstancias había conocido a su cuidador, parecía estar recurriendo a otros conocimientos para formar una preferencia por él. Los investigadores también notaron que ese cuidador específico tenía un comportamiento muy amable con Boswell y le daba dulces con frecuencia.

---

20. D. Tranel y A. R. Damasio (1993), «The covert learning of affective valence does not require structures in hippocampal system or amygdala», *Journal of Cognitive Neuroscience* 5/1 (invierno), pp. 79-88, https://doi .org/10.1162/jocn.1993.5.1.79

Para crear condiciones controladas con la finalidad de demostrar que Boswell tenía un conocimiento implícito a pesar del daño cerebral, los investigadores Daniel Tranel y Antonio Damasio le pidieron que realizara una tarea de aprendizaje especial. Le presentaron tres personas nuevas a Boswell, y esas tres personas interactuaron con él en momentos distintos a lo largo de cinco días. Vamos a llamarlos el Sujeto Bueno, el Sujeto Malo y el Sujeto Neutral. El Sujeto Bueno elogiaba a Boswell, era amable con él, le ofrecía chicle y le concedía cualquier cosa que le pidiera. El Sujeto Malo no lo elogiaba, le pedía a Boswell que hiciera tareas tediosas y le negaba cualquier cosa que le pidiera. El Sujeto Neutral era amable pero metódico, no le pedía nada, pero tampoco le daba nada. Luego, en el sexto día, Boswell fue evaluado sobre su conocimiento de estas personas. Cuando le mostraron fotografías de las tres personas, no fue capaz de recordar o nombrar a ninguna de ellas. A continuación, le mostraron una foto de las tres personas juntas, además de otra persona a la que no había conocido. Los investigadores le preguntaron qué persona le gustaba más y Boswell escogió constantemente al Sujeto Bueno por encima del nivel del azar y al Sujeto Malo por debajo del nivel del azar. Lo más interesante fue que, cuando se midió la cantidad de sudor que producía en los dedos de las manos (una respuesta automática), Boswell tenía una reacción fisiológica más intensa al Sujeto Bueno que a cualquiera de los otros. Una parte de su cerebro tenía un conocimiento implícito del Sujeto Bueno, incluso cuando Boswell no era capaz de decirles a los investigadores nada sobre él.[21]

Tenemos recuerdos episódicos específicos de un ser querido (un recuerdo del día de nuestra boda, por ejemplo), y el ser querido forma parte de muchos de nuestros hábitos (lo cerca de él o ella que nos sentamos en el sofá), pero también tenemos un conocimiento semántico implícito acerca de esa persona (la creencia de que siempre va a estar ahí para apoyarnos, que es especial para nosotros). El conocimiento implícito está almacenado en circuitos de nuestro cerebro distintos de las áreas donde se almacenan los recuerdos. Esto significa que nos ba-

---

21. Ibídem.

samos en diferentes tipos de información sobre nuestros seres queridos de distintos sistemas neurales, los cuales influyen en nuestros pensamientos, sentimientos y comportamientos de maneras distintas. Cuando un ser querido muere, con el tiempo y con la experiencia podemos remitirnos a nuestros recuerdos episódicos de su muerte; sabemos que esa persona ya no está con nosotros. Pero el conocimiento implícito es mucho más difícil de actualizar, ya que es una respuesta a las creencias relacionadas con el apego: que podemos encontrar a nuestro ser querido, que no estamos buscándolo lo suficiente, que si nos esforzásemos más o fuésemos mejores de alguna manera, regresaría con nosotros. Dado que este conocimiento implícito está en conflicto con los recuerdos episódicos, es menos probable que reconozcamos ese pensamiento mágico que está implícito. A estas corrientes de información que están en conflicto las llamo la teoría de «no está, pero al mismo tiempo es eterno», y creo que el duelo dura tanto tiempo debido a que están en conflicto.

La memoria episódica, los hábitos y el conocimiento implícito influyen en la forma en que entendemos, predecimos y actuamos en el mundo. Aunque se pueden contradecir (por ejemplo, la memoria episódica nos dice que nuestro ser querido ya no está aquí y el conocimiento implícito insiste en que no se ha marchado), deben ser actualizados a medida que vamos aprendiendo vivir con su ausencia.

¿Por qué el duelo lleva tiempo?

Puedo aprender los nombres de todos mis alumnos en un seminario en pocas semanas y reunir información sobre sus antecedentes. Desarrollo la percepción de qué estudiante siempre tiene la respuesta; reconozco a los que son graciosos o muy leídos, y sé quiénes son los que no se ofrecen voluntarios para hablar en clase. Incluso puedo integrar este conocimiento en nuestros debates en clase, haciendo preguntas más simples, basadas en hechos, a los estudiantes tímidos para que puedan dar respuestas breves y concretas, y preguntas más complejas a aquellos que están dispuestos a expresar en voz alta sus pensamientos. Ésta es mucha información para registrar sobre las personas, para recordar y utilizar. Sin embargo, toda esa información nunca se traduce en que, en el siguiente semestre, cualquiera de esos estudiantes vuelva a aparecer en el aula. El duelo es distinto. El duelo toma más tiempo. La teoría de «no está, pero al mismo tiempo es eterno» sugiere que el duelo es distinto de cualquier otro tipo de aprendizaje, porque la creencia implícita en la continuidad de nuestro ser querido fallecido puede interferir con el aprendizaje sobre nuestra nueva realidad. En otras palabras, la memoria episódica y el hábito, por un lado, están en conflicto con el pensamiento mágico implícito que se crea a través del apego, por otro lado, y este conflicto produce el período de tiempo extendido que lleva el duelo. Puedo entender fácilmente que los alumnos del semestre pasado no van a estar en mi clase hoy porque no hay ningún motivo para que estén. Pero creer que mi ser querido ya no está en esta Tierra, cuando parte de la forma en que está codificado en mi cerebro como mi ser querido incluye la información de que estará *aquí, ahora* y *cerca,* lleva tiempo entenderlo y no es fácil. Resolver creencias incompatibles interfiere con el aprendizaje.

Si el duelo fuese tan sencillo como aprender nueva información, crear nuevas predicciones de causa y efecto acerca del mundo, o desarrollar nuevos hábitos para nuestras actividades cotidianas, no esperaría que ese aprendizaje llevara meses. Es cierto que adquirir cualquier conocimiento nuevo requiere tiempo y experiencia, pero el tiempo que lleva adquirir otros tipos de conocimientos comparado con el tiempo que muchas personas están afligidas sugiere que hay algo más, como, por ejemplo, creencias incompatibles. Desarrollar estos nuevos conocimientos requiere la voluntad de participar plenamente en nuestra vida durante el duelo. Hablaremos más sobre implicarnos en nuestra vida cotidiana durante la pérdida en los capítulos 8 y 9.

Saber que tenemos pensamientos mágicos

La aflicción es el precio de amar a alguien. La conexión nos da la motivación para creer que cuando nuestra pareja, nuestros hijos y nuestros amigos íntimos se marchan, será algo temporal; luego regresarán. Si cada vez que se van a trabajar o a la escuela por la mañana, realmente creyéramos que no van a regresar, nuestra vida sería insoportable. Afortunadamente, no experimentamos la muerte de nuestros seres queridos con mucha frecuencia, en comparación con el número de veces que nuestros seres queridos van y vienen mientras están vivos.

Cuando perdemos a un ser querido, es normal que sepamos que la persona ya no está aquí y, al mismo tiempo, alberguemos la creencia mágica de que algún día entrará por la puerta otra vez. Si damos por sentado que las personas creen ambas cosas, y aceptamos que eso es lo normal, entonces los neurocientíficos debería buscar múltiples procesos neurales en funcionamiento. Nos gustaría ver la perspectiva del cerebro, donde dos aspectos distintos de lo que «saben» pueden existir simultáneamente. Considerar múltiples creencias simultáneas debería darnos una imagen más clara de la forma en que la función cerebral afecta a nuestra manera de vivir el duelo. Mi propia investigación ha considerado la parte del cerebro en la que estos tipos de conocimientos podrían residir, y en los próximos capítulos te contaré más acerca de la forma en que el cerebro supera estas creencias incompatibles y nos devuelve a una vida llena de sentido.

CAPÍTULO 4

La adaptación
a lo largo del tiempo

Cuando yo tenía 5 años, renovamos la calefacción eléctrica en casa. Todavía no iba al colegio, y me obsesioné con nuestro electricista, Jack. Lo seguía a todas partes, a pesar de que mi madre me regañaba. Jack siempre vestía ropa vaqueros y, en consecuencia, yo también empecé a preferir mis petos. Recuerdo vívidamente su sonrisa lenta, y la profunda sensación de bondad que ese hombre maravilloso me ofrecía. En una experiencia completamente distinta de los adultos en mi pequeña ciudad, cuando estaba en cuarto tomé clases de arte con una artista local. Todos la llamábamos por su apellido. Weber era distinta a todas las personas que había conocido, en especial porque fue la primera mujer que conocí que no se depilaba las piernas. Weber pintaba las más exquisitas y detalladas acuarelas botánicas de las flores de Montana, dos de las cuales siguen estando colgadas en la pared de mi pasillo hasta el día de hoy. Aunque yo no tenía ningún talento como artista, continué visitando a Weber y charlando con ella durante toda la secundaria, y más adelante cuando regresaba a casa en los días festivos de la universidad y en los veranos.

En lo que, como adolescente, yo percibí como una de las relaciones más inesperadas, Weber y Jack se enamoraron. Llegaron al matrimonio relativamente tarde en la vida y se llenaron de alegría cuando ella se quedó embarazada. Sin embargo, durante el embarazo, trágicamente, a Jack le diagnosticaron un cáncer, un sarcoma devastador. En uno de los numerosos intentos de encontrar cualquier tratamiento posible, vinieron a Chicago, y una tarde me encargué de cuidar a su bebé, Rio, en mi apartamento mientras ellos iban a ver a los médicos. En un cruel e inimaginable giro del destino, Jack murió cuando su hijo tenía tan solo un año y medio de edad.

Las pinturas que Weber hizo a continuación, cuando pudo volver a agarrar un pincel, no se parecían en nada a su obra anterior. Todavía aparecían flores silvestres en sus pinturas, pero también había nubes de las que caían lágrimas, mujeres derramando lágrimas que caían en cubos y corazones de los que caían interminables gotas de sangre. En muchos de sus cuadros aparecían mujeres yacentes, cubiertas con hojas de frambuesas silvestres o inmovilizadas por árboles sin hojas. Una mujer aparecía acurrucada con pesados edredones cubriéndola, y en algunas pinturas, la figura negra de la aflicción le rodeaba los hombros como un pesado manto. Sin embargo, en las últimas pinturas de la serie, se veía a una mujer recuperando su corazón, extrayéndolo del lugar en el que había estado enterrado, y en varias obras finalmente aparece el Sol y los primeros rayos de color naranja amarillento les aportan luz. Esas obras son impresionantes.

Un día, en una conversación que tuve con ella en su estudio, me dijo que su formación como artista había sido muy valiosa en el proceso del duelo. Anteriormente, había trabajado duramente y había desarrollado una técnica magnífica con el pincel, el agua y el pigmento. Después de la muerte de Jack, ella realmente tenía algo que decir, y sin esos años de preparación no hubiese tenido la habilidad para transmitir la profundidad de sus sentimientos. Me di cuenta de que, sin la profundidad oceánica de sus sentimientos, su obra anterior, aunque era hermosa, no evocaba la misma resonancia en el observador. Hubo un largo camino entre la muerte de Jack en 1996 y la exposición de Weber en una galería en el año 2001, que acabó devolviéndole una nueva vida, inspirada por la presencia de la ausencia de su marido.

Cómo captar una imagen del cerebro en funcionamiento

Muchos de los que hemos conocido la aflicción nos identificamos con las pinturas de Weber y nos sentimos superados cuando el reconocimiento de las bellas imágenes y las yuxtaposiciones provoca nuestra propia experiencia del dolor. En la introducción te empecé a contar cómo se realizó el primer estudio de neuroimágenes de la aflicción, cuando todas las estrellas se alinearon para nuestro proyecto. Nuestra pregunta era: ¿qué ocurre en el cerebro cuando alguien está experimentando una oleada de aflicción? Pero ¿cómo podemos evocar ese sentimiento de dolor en el extraño y estéril entorno médico del escáner de neuroimágenes? Las pinturas que Weber creó evocan la profunda soledad y el silencio de la aflicción, pero, ¿cómo podíamos nosotros suscitar de una forma fiable ese sentimiento? Los escáners hacen un ruido muy fuerte, y en aquella época la gente incluso tenía que poner una barra de mordida entre sus dientes para evitar que la cabeza se moviera; un escenario que no es exactamente el ideal para favorecer que las personas puedan acceder a sus sentimientos más profundos.

La imagen por resonancia magnética funcional (IRMf) puede identificar qué parte del cerebro está activa cuando tiene lugar un determinado pensamiento, sentimiento o sensación. Los neurocientíficos infieren dónde se están activando las neuronas observando en qué regiones del cerebro ha aumentado el flujo sanguíneo durante esa experiencia en particular. Las IRMf detectan el flujo sanguíneo debido al hierro en la sangre, utilizando un imán gigantesco que es el que le da el nombre a esta tecnología. Luego, la información de la sangre que pulsa por el cerebro es transformada mediante una física complicada en las imágenes resultantes de la activación del cerebro. Las neuronas necesitan sangre después de haberse activado, para traer el oxígeno reparador. Cuando los eventos mentales tienen lugar, se activan unas neuronas específicas, de manera que podemos ver qué regiones del cerebro están activadas en esos momentos basándonos en qué parte del cerebro fluye la sangre. Las regiones del cerebro que están significativamente más activas durante el evento mental de interés que durante una tarea de control se muestran como manchas de colores sobre una imagen del cerebro en escala de grises, donde los colores más vivos representan más oxígeno en la sangre en una determinada área utilizada para esa función mental. Esto es lo que la gente quiere decir cuando dice que el cerebro «se ilumina», pero esos colores representan la probabilidad calculada de activación en una zona, y no la luz o el color en el cerebro.

La mayoría de las neuroimágenes se basan en el método de sustracción. Primero desarrollas una tarea que requiere la función mental en la que estás interesado, y escaneas el cerebro de la persona que la está realizando. Por ejemplo, supongamos que te interesa la función mental de leer. El cerebro está activo todo el tiempo, haciendo todo tipo de cosas. Mientras una persona está leyendo, su cerebro también está experimentando sensaciones físicas, manteniendo la respiración, registrando en la memoria lo que está ocurriendo, etcétera. En el método de sustracción, los investigadores idean una segunda tarea, llamada tarea de control. La tarea de control es igual a la primera tarea en todos los sentidos, exceptuando la función mental en la que los científicos están interesados. El cerebro se escanea mientras los participantes están realizando ambas tareas secuencialmente. Una tarea de control para la lectura debería dar cuenta del hecho de que la persona está moviendo los ojos de izquierda a derecha, a través de combinaciones de símbolos que aparecen con frecuencia en su lengua materna. La tarea de control podría requerir que las personas vean «palabras» sin sentido que están hechas de letras y sílabas que son comunes en su idioma pero que en realidad no significan nada, de manera que no es posible leerlas. Para cada escaneo cerebral, un ordenador registra qué regiones del cerebro están activas durante la tarea de lectura y durante la tarea de control. Cuando restas la activación durante la tarea de control de la activación durante la tarea de lectura, se infiere que las áreas del cerebro que quedan son las áreas que son importantes para la función mental de leer.

Para escoger una tarea que pudiera ser utilizada para evocar y estudiar la aflicción mediante el método de sustracción, Harald Gündel, Richard Lane y yo tuvimos que pensar en cómo capturar un breve momento emocional de aflicción. Consideramos la forma en que la aflicción se produce en la vida real y escogimos dos posibilidades. En primer lugar, cuando las personas nos cuentan la historia de lo que le ocurrió a su ser querido, las palabras específicas que eligen están ligadas a sus recuerdos específicos de la pérdida. En segundo lugar, cuando una persona afligida quiere contar algo sobre su ser querido suele traer un álbum de fotos. Palabras y fotografías, eso fue exactamente lo que le pedimos a cada participante que compartiera con nosotros. Dado que la aflicción es tan única, tan específica para la persona amada que ha fallecido, sabíamos que no podíamos usar las mismas palabras o fotos con las ocho mujeres del estudio. Entonces, digitalizamos fotos individuales de los seres queridos fallecidos que cada participante nos trajo. En la imagen digitalizada, añadimos un texto utilizando palabras relacionadas con la aflicción que la participante había usado durante una entrevista que le hicimos sobre su pérdida. Eran palabras como *cáncer* o *colapso,* específicamente relacionadas con la muerte de su ser querido. Durante el escaneo por neuroimágenes, ellas veían esas fotografías y esas palabras mientras nosotros medíamos su actividad cerebral.

Después de eso, teníamos que crear la condición de control. El cerebro tiene áreas específicas para identificar rostros humanos y áreas para leer palabras. Decidimos utilizar una fotografía de un desconocido como una comparación. Para las palabras correspondientes, usamos palabras neutrales del mismo largo y de la misma parte del habla. Por ejemplo, la palabra correspondiente para *cáncer* era *ginger.*[22] Así pues, como tarea de control para el método de sustracción para cada participante utilizamos fotografías de extraños con textos con palabras neutrales.

Las fotos que nuestras generosas participantes compartieron fueron muy conmovedoras; por ejemplo, una mujer que había perdido a su marido muchas décadas atrás trajo una foto de un apuesto novio con un trozo de pastel de boda. Otra era de un hombre vistiendo una camisa hawaiana, con una sonrisa relajada que transmitía a través de la cámara el disfrute de unas vacaciones con la mujer que ahora era su viuda. Cuando les pedimos a las participantes en duelo que nos conta-

---

22. La palabra inglesa *ginger* significa «jengibre», pero se utilizó por su similitud *(N. de la T.)*

ran qué habían sentido durante la presentación de las diapositivas, nos dijeron que habían sentido la mayor aflicción al ver la imagen del ser querido subtitulada con una palabra relacionada con la aflicción. También medimos la cantidad de sudor que los dedos de sus manos producían en respuesta a cada diapositiva: como era de esperarse, tuvieron una mayor sudoración al ver la imagen del ser querido con una palabra relacionada con la aflicción y una menor sudoración al ver a un extraño junto a una palabra neutral.

Normalmente, en un estudio de laboratorio, utilizamos los mismos estímulos para cada participante, para mantener ese aspecto constante. Pedir a personas en duelo que traigan una foto de su ser querido, para que cada persona contemplara una fotografía distinta, era una idea novedosa. Pero era sumamente importante evocar una aflicción real en cada persona, porque para cada uno de nosotros, nuestra tristeza es tan única como nuestra relación.

Resultados

En el capítulo 2, en el estudio de «elige tu propia aventura», mencioné la corteza cingulada posterior (CCP). La CCP es una gran región que comienza en el centro del cerebro, se enrosca alrededor de los ventrículos centrales, que están llenos de líquido, y llega hasta la parte posterior de la cabeza. A partir de otros estudios de neuroimágenes, sabemos que la CCP es importante cuando recuperamos recuerdos emocionales, autobiográficos; de hecho, la CCP activa el sentimiento de aflicción. Nuestros recuerdos del ser querido fallecido en el escáner desencadenaron esos recuerdos en nuestras participantes. En nuestro estudio, la CCP mostró una mayor activación neural cuando comparamos ver una fotografía de la persona fallecida con ver una foto de un extraño.

Sin embargo, la CCP no era la única región que se activaba durante la tarea de aflicción. Una comprensión más contemporánea de la función cerebral revela que muchas regiones se activan al mismo tiempo, en una red. Otra región que se activa es la llamada corteza cingulada anterior (CCA). Muchas actividades mentales requieren la CCA, porque esta región dirige nuestra atención hacia las cosas consideradas importantes. Cuando pensamos en palabras que nos recuerdan la muerte de nuestro ser querido, en comparación con las palabras neutras, podemos entender por qué eso activa la CCA. Ciertamente, la muerte de un ser querido ocupa un lugar alto en importancia; como neurocientífica, este resultado me recuerda precisamente lo importante que es.

A menudo, vemos que dos regiones, la CCA y la ínsula, se activan juntas cuando algo doloroso exige nuestra atención, y pudimos observar esa coactivación en el escáner durante esos momentos de aflicción. Uno de los motivos por los que sabemos tanto acerca de la coactivación de la CCA y la ínsula es por los estudios del dolor físico. Estas dos regiones responden juntas durante un estímulo de dolor físico, como un calor incómodo aplicado a los dedos del participante durante un escaneo por neuroimágenes. Lo que es fascinante acerca de las regiones que participan en el dolor físico es que los neurocientíficos pueden distinguir entre el aspecto físico del dolor y el aspecto psíquico o emocional del dolor. Si piensas en ello, el aspecto físico del dolor equivale a una sensación intensa. Los anatomistas saben desde hace tiempo que las neuronas serpentean por el cuerpo desde los receptores de sensaciones en los dedos de las manos, a través de la médula espinal y entrando en áreas específicas del cerebro que tienen un mapa topográfico del cuerpo, que indican a la consciencia dónde ocurrió la sensación de dolor. Pero estas neuronas terminan en la región cerebral sensoriomotora. Entonces, el dolor físico se deriva de una sensación intensa producida en el cerebro. La parte emocional del dolor, el sufrimiento que acompaña al dolor físico, se deriva de la CCA y la ínsula, respondiendo al aspecto alarmante y de sufrimiento. Así pues, cuando estas dos regiones se activaban durante la aflicción, nosotros interpretábamos esta coactivación como algo relacionado con el dolor emocional de la aflicción. Las ubicaciones exactas en la CCA y la ínsula no son idénticas en el dolor físico y emocional, pero están muy cerca.

Los resultados nos llevan a más preguntas

Los resultados de este primer estudio indicaron que la aflicción es algo muy complejo de producir para el cerebro. Requiere de muchas regiones cerebrales además de aquellas que procesan imágenes y palabras: la aflicción involucra regiones del cerebro que procesan las emociones, asumen el punto de vista de otra persona, tienen recuerdos episódicos, perciben rostros familiares, regulan el corazón y coordinan todas las funciones que acabo de mencionar. Por otro lado, los resultados fueron específicos y confirmaron que la aflicción no activa todas las regiones del cerebro. Por ejemplo, en nuestro estudio, la aflicción no activó la amígdala, una parte del cerebro con forma de almendra que suele activarse cuando el cerebro está produciendo emociones intensas.

Nuestro estudio con neuroimágenes demostró que la aflicción podía examinarse con éxito en el cerebro, demostrando lo que ocurría cuando mirábamos en su interior. Ése fue un paso importante para que la ciencia considerara estudiar la aflicción desde la perspectiva del cerebro. Por otro lado, los resultados nos parecieron incompletos, ya que sólo son una descripción de las regiones involucradas. No responden a algunas de las preguntas importantes acerca de la aflicción cuyas respuestas las personas quieren conocer. Necesitábamos un modelo neurobiológico del duelo que fuera más allá de una larga lista de regiones cerebrales.

En aquel entonces yo creía que la neurociencia podía proporcionar información acerca de la forma en que la experiencia de la aflicción cambia a lo largo del período del duelo; en otras palabras, la forma en que el conocimiento de la ausencia de nuestro ser querido se actualiza con el tiempo. Tenía la esperanza de que la neurociencia pudiera ayudarnos a entender y a predecir quién se adapta con resiliencia tras la muerte de un ser querido y quién tiene dificultades para volver a tener una vida con sentido. Además, quería saber de qué manera el cerebro podría interferir con nuestra adaptación. Pero ésos eran los inicios, cuando el primer estudio de la aflicción con neuroimágenes fue publicado, en 2003. Este estudio de la aflicción había sentado las bases para describir lo que el cerebro hacía en el momento en que uno sentía tristeza, pero no satisfizo mi curiosidad científica acerca del proceso del duelo.

Compartir la ciencia con el público

Una simple descripción de un fenómeno es habitual cuando uno empieza a estudiarlo; es un paso inicial para entrenar nuestra concentración en la nueva área de investigación. Hay una famosa descripción de la aflicción que ha perdurado en nuestra cultura por décadas. En 1969, Elisabeth Kübler-Ross publicó *On Death and Dying*.[23] El modelo de las cinco etapas del duelo de las que hablaba Kübler-Ross en su libro es un modelo que el mundo recuerda, a pesar del hecho de que el progreso de la investigación en las últimas décadas ha mostrado que ese modelo es inexacto o está incompleto. El conocimiento extendido del modelo de Kübler-Ross se debe en parte a que ella llegó al corazón y la mente de los lectores de aquel popular libro. Todo el mundo conoce esas etapas (negación, ira, negociación, depresión, aceptación), tanto si las escribiste en fichas para tu clase de Psicología, como si simplemente buscaste en Google «como afrontar el duelo». Dicho esto, la información que puedes encontrar en Internet sobre el duelo ha mejorado un poco, especialmente consultas las páginas web producidas por fuentes fiables como las de los institutos nacionales de salud.

Elisabeth Kübler-Ross era una persona fascinante. (Pude hablar con ella en Arizona, donde vivió antes de su muerte en 2004). Kübler-Ross pasó su infancia en Zurich,[24] y en su juventud se ofreció voluntaria para trabajar con los refugiados después de la Segunda Guerra Mundial. Visitó un campo de concentración cerca de Lublin, en Polonia, y esa experiencia tuvo un efecto profundo en ella, que le duró toda la vida. En la década de los sesenta, como psiquiatra en EE. UU., empezó a ver pacientes y a escribir durante los movimientos por los derechos civiles y de las mujeres. Estos cambios culturales dieron voz a grupos que anteriormente no la habían tenido. De una manera similar, a través de sus escritos, Kübler-Ross dio voz a los enfermos terminales. En aquel en-

---

23. Trad. cast.: *Sobre la muerte y los moribundos*. Editorial De Bolsillo, Barcelona, 2007. *(N. de la T.)*
24. «Elisabeth Kübler-Ross» (2004), BMJ 2004; 329:627, doi: https://doi.org /10.1136/ bmj.329.7466.627

tonces se creía, y en cierta medida hasta el día de hoy, que una muerte inminente no era algo de lo que se debería hablar, ni siquiera los médicos y los pacientes. Pero ella decidió entrevistar a los pacientes acerca de su experiencia de inmensa pérdida cuando se enfrentaban a su mortalidad, preguntándoles qué sentían, en qué pensaban y cómo entendían lo que les estaba ocurriendo. No sólo eso, sino que además invitó a enfermeras, médicos, residentes, capellanes y estudiantes de medicina a unirse a esas entrevistas. Luego compartió lo que esas personas reales que estaban muriendo le habían dicho, primero en un artículo en la revista *LIFE*, que estaba acompañado de unas fotografías conmovedoras de las entrevistas y luego en su famoso libro en 1969.

Kübler-Ross utilizaba la tecnología con la que contaba la psiquiatría en aquel entonces: la entrevista clínica. Ella hacía lo que hacen todos los científicos cuando empiezan a estudiar un fenómeno: describía. Catalogó lo que los pacientes le dijeron y sintetizó lo que describieron en un modelo, y luego compartió ese modelo con el mundo. Kübler-Ross no estaba equivocada en cuanto al contenido del duelo. La gente decía haber experimentado ira y depresión. Algunas personas no lograban hablar de su experiencia debido a la negación, y otras dedicaban una gran cantidad de tiempo y esfuerzo a pensar en cómo podían negociar para escapar de la muerte. Algunas parecían estar en paz con lo que les esperaba, aceptando que estaban en el último capítulo de su vida. Kübler-Ross describió lo que le habían contado, concentrándose y creando un modelo que incluía aquellos aspectos que parecían ser los más importantes, de una forma que nadie lo había hecho antes.

Kübler-Ross y otros aplicaron las etapas del duelo, que ella describió en los enfermos terminales, al período posterior a la pérdida, lo cual es un gran salto. Pero una descripción no es lo mismo que una investigación empírica. Igual que ocurrió con mi primer estudio con neuroimágenes, había más cosas que descubrir acerca del duelo. Kübler-Ross estaba usando la experiencia de aflicción de las personas durante las entrevistas para describir el duelo a lo largo del tiempo. Aunque estaba en lo cierto al informar del contenido de la experiencia de las personas, no todas las personas que están en duelo pasan por las cinco etapas. Las cinco etapas no son un modelo del proceso de adaptación después de una pérdida que haya sido probado empíricamente.

El problema, y el daño que esto ha causado para las personas en duelo, es que el modelo que ella desarrolló ha sido considerado más que una *descripción* del duelo de las personas que entrevistó, y ha sido tomado como una *receta* de cómo vivirlo. Muchas personas en duelo no experimentan ira, por ejemplo, y, por lo tanto, sienten que están viviendo el duelo incorrectamente, o que no han completado todo su «trabajo de duelo». Los médicos pueden decir que un paciente está en negación, sin entender que las etapas no son lineales, y que las personas entran y salen de la negación en distintos momentos. En resumen, muy pocas personas experimentan la progresión ordenada de etapas que Kübler-Ross proponía y, por desgracia, es posible que sientan que no son normales si no lo hacen. Este modelo antiguo y obsoleto ha sido reemplazado con modelos que tienen una ciencia más empírica detrás de ellos, pero a veces los médicos insisten en utilizarlo, y el público general normalmente no sabe que nuestra comprensión del duelo se ha desarrollado significativamente.

El viaje del héroe

Cuando le digo a la gente que estoy escribiendo un libro de ciencia popular acerca del duelo, casi todo el mundo da por sentado que voy a hablar de las cinco etapas. ¿Por qué persiste este modelo, a pesar de la evidencia científica de que el duelo no se desarrolla en etapas lineales? Jason Holland y Robert Neimeyer, psicólogos y expertos en el duelo, han propuesto el mejor motivo que he conocido para esta persistencia.[25] Ellos describen el modelo de las cinco etapas como un modelo que refleja el «monomito» de nuestra cultura. El viaje del héroe, o en este caso, el viaje de la persona en duelo, es un estructura narrativa épica que encontramos en la mayoría de los libros, las películas y los cuentos alrededor de una hoguera que hemos oído. Puedes pensar en

---

25. J. M. Holland y R. A. Neimeyer (2010), «An examination of stage theory of grief among individuals bereaved by natural and violent causes: A meaning-oriented contribution», *Omega* 61/2, pp. 103-120.

cualquier héroe, desde Ulises en *La Odisea* hasta Alicia en *Alicia en el País de las Maravillas,* o incluso *Stranger Things.* El héroe (la persona en duelo) entra en un mundo desconocido y aterrador, y después de un arduo viaje, regresa transformado, con una nueva sabiduría. El viaje está compuesto de una serie de obstáculos casi imposibles (las etapas) que deben ser superados, lo cual convierte al héroe en una persona honorable cuando logra su cometido. Holland y Neimeyer lo expresaron muy bien: «La atracción aparentemente magnética de una representación del duelo en etapas que comienza con una desorientadora separación del mundo "normal" preduelo, y que progresa heroicamente a través de una serie de pruebas emocionales claramente señaladas antes de dar como resultado una etapa triunfante de aceptación, recuperación o regreso simbólico, puede deberse más a su convincente coherencia con una estructura narrativa aparentemente universal que a su exactitud objetiva». El problema con este monomito es que las personas sienten que no son normales cuando no experimentan un conjunto lineal de obstáculos. O sienten que han fracasado porque no han «superado» la tristeza o no han alcanzado un estado iluminado. Es posible que los amigos, los familiares e incluso los médicos se preocupen cuando no hay un claro regreso de un héroe sabio.

Holland y Neimeyer realizaron un estudio empírico que buscaba las cinco etapas y descubrió que la adaptación no es tan lineal u ordenada. El dolor de la aflicción suele ser más pronunciado en las personas que han estado en duelo por un período de tiempo más corto. Pero ese dolor incluye todos los tipos de experiencias de duelo, incluyendo la incredulidad, la ira, el estado de ánimo depresivo y la añoranza. La aceptación es más evidente entre aquellas personas que han estado en duelo durante un período de tiempo más largo. Por lo tanto, el dolor de la aflicción y la aceptación parecen ser dos caras de una misma moneda, pero el ascenso y la caída de cada una de ellas tiende a adoptar la forma de oleadas en un lapso de días, semanas y meses. El aumento relativo de la aceptación en comparación con el declive relativo del dolor de la aflicción sí se produce, pero durante un largo período de tiempo. En medio de esta lenta inversión de la aceptación sobre el dolor, suele haber una reversión temporal en los días cercanos al aniversario de la muerte, cuando muchas personas experimentan una recurrencia normal de la aflicción. Este viaje no suele tener un inicio claro, una etapa central y un final como esperaríamos, o como nuestros seres queridos esperarían para nosotros, en medio de nuestro sufrimiento. En las oleadas de tristeza, con el tiempo, la aceptación empieza a aparecer con mayor frecuencia y el sufrimiento va perdiendo intensidad hasta desaparecer por completo.

El modelo del proceso dual del duelo

A finales del siglo xx, la ciencia del duelo pasó lentamente de concentrarse en el contenido de la aflicción que las personas experimentaban a centrarse en el proceso del duelo a lo largo del tiempo. A través de una larga colaboración, los psicólogos Margaret Stroebe y Henk Schut en la Universidad de Utrecht, en los Países Bajos, proporcionaron una elegante ciencia empírica del duelo y desarrollaron un modelo que muchos terapeutas utilizan en la actualidad, el modelo del proceso dual del duelo, al que normalmente nos referimos simplemente como el modelo del proceso dual, para abreviar.

El modelo del proceso dual del duelo
Stroebe & Schut (1999)

Experiencia de la
vida diaria

**Orientada a
la pérdida**
Trabajo de duelo
Intrusión de la aflicción
Soltar-continuar-
trasladar
lazos/vínculos
Negación/evitación
de los
cambios de la
recuperación

**Orientada a
la recuperación**
Ocuparse de los cambios
en la vida
Hacer cosas nuevas
Distracción de la aflicción
Negación/evitación de
la aflicción
Nuevos roles/identidades/
relaciones

oscilación

Mira el gráfico del modelo del proceso dual. La esfera más grande representa nuestra experiencia diaria, mientras vivimos nuestra vida cotidiana. Los dos óvalos dentro de ella representan las tensiones a las que nos enfrentamos cuando un ser querido muere. Durante décadas, los médicos, los filósofos y los poetas han estado hablando de los estresores orientados a la pérdida: las emociones dolorosas que surgen cuando perdemos a alguien, el hecho de que todo parece recordarnos a esa persona, aunque sabemos que ya no está con nosotros. Estos estresores constituyen lo que normalmente llamamos aflicción. La aportación importante del modelo del proceso dual fue poner nombre a los otros estresores a los que nos enfrentamos. Por ejemplo, nos enfrentamos también a lo que Stroebe y Schut denominaron los estresores orientados a la recuperación. Éstas son todas las tareas que ahora tenemos que hacer porque la persona amada ya no está. Los estresores de la recuperación incluyen cosas prácticas que no estás acostumbrada a hacer, o al menos no a hacerlas sola, como, por ejemplo, la declaración de la renta o hacer las compras en el supermercado. En el caso de haber perdido a tu pareja, tienes que aprender a vivir sin la persona que no sólo era tu amiga y tu amante, sino que además solía realizar tareas del hogar, o que compartía contigo la educación de los hijos. En el caso de una pareja mayor, la viudedad puede significar vivir sin un apoyo importante para los problemas de salud, o sin la persona que siempre conducía el coche. Y recuperación significa reorientar la forma en que nuestro mundo ha cambiado; por ejemplo, reconocer que nuestros sueños para la jubilación no van a tener lugar sin nuestro ser querido. Tenemos que hacer nuevas elecciones y desarrollar nuevos objetivos al enfrentarnos a nuestra nueva realidad en la recuperación de una vida con sentido.

Sin embargo, la verdadera genialidad del modelo del proceso dual es la línea irregular que va y viene entre estos estresores. Esta línea de oscilación señala la importancia del proceso del duelo, en lugar de darle relevancia únicamente al contenido de nuestros pensamientos y sentimientos. En ocasiones, la oscilación ocurre a lo largo de un día; por ejemplo, por la mañana ves varias casas con un agente inmobiliario y por la tarde estás absorta en los recuerdos del álbum de fotos de tu boda. A veces, es incluso más corta; por ejemplo, te vas al baño de la oficina a llorar y luego, diez minutos más tarde, regresas a tu mesa para continuar con tu proyecto. En ocasiones enfrentarnos a un factor estresante significa la negación total o la evitación de otro: «En los próximos 45 minutos voy a hacer como si todo estuviera bien y voy a animar a mi hija en su partido de futbol».

Cuando las semillas del nuevo modelo del proceso dual germinaron por primera vez, algunos médicos lo desafiaron porque dicho modelo ponía en duda algunas creencias muy arraigadas (o mitos) acerca del duelo; por ejemplo, el mito de que el duelo requiere que nos concentremos únicamente en enfrentarnos a los sentimientos de aflicción, sin tener ninguna consideración por el hecho de que la persona en duelo también puede beneficiarse del tiempo que pasa sin enfrentarse a esos sentimientos. Podría parecer que los ratos que pasamos sin sentir dolor son negación, represión o distracción de los sentimientos sobre la muerte, y antes se consideraba que eso era malo para la adaptación. Pero los ratos en los que no estás sufriendo pueden dar a tu mente y a tu cuerpo un descanso del estrés de la turbulencia emocional. Stroebe y Schut querían abordar esas limitaciones que había en los modelos de duelo anteriores.

Ambos extremos, ocuparnos tanto de la pérdida como de la recuperación, son importantes en la experiencia del duelo. La clave para afrontar bien la situación después de haber perdido a alguien es la flexibilidad, ocupándonos de lo que está ocurriendo en el día a día, y también siendo capaces de concentrarnos en hacer frente a cualquier factor de estrés que se presente. Las personas en duelo también tienen momentos en los que no están consumidas por la tristeza, en los que simplemente están enfrascadas en la experiencia cotidiana fuera de los dos óvalos. A medida que va pasando el tiempo, se van implicando cada vez más en el día a día, y las dificultades de la pérdida y de la recuperación de una vida con sentido van desapareciendo gradualmente. Los óvalos que representan los trastornos de la pérdida y la lucha por la recuperación no desaparecen jamás, pero esos factores de estrés evocan reacciones emocionales menos intensas y frecuentes. En la segunda mitad del libro explico en más detalle cómo funciona este enfoque flexible para lidiar con la pérdida.

CAPÍTULO 5

Desarrollar complicaciones

En el verano de 2001 me invitaron a asistir a un taller en la Universidad de Michigan, justo unas semanas después de haber recogido las primeras neuroimágenes escaneadas de la aflicción. Asistieron los principales investigadores del duelo de EE. UU. y Europa, y el taller tuvo un gran impacto en mí, ampliando mi comprensión de cómo debemos pensar científicamente en el duelo. Ese fin de semana conocí unas personas y unos científicos maravillosos, incluyendo a George Bonanno, Robert Niemeyer y Margaret Stroebe, quienes han llevado la ciencia del duelo al siglo XXI. Ellos me animaron en mi trabajo como una investigadora joven y han continuado influyéndome, ya que nos hemos convertido en colegas con el paso de los años.

El propósito del taller era presentarnos el proyecto de investigación Cambiar la vida de las parejas mayores (CVPM), realizado en la Universidad de Michigan y financiado por el Instituto Nacional del Envejecimiento. Este proyecto ha influido enormemente en el campo de la investigación del duelo. En este estudio longitudinal, más de 1 500 adultos mayores fueron entrevistados, con cientos de preguntas, a lo largo de diferentes momentos en el tiempo antes y después de la muerte de su pareja. Como podrás imaginar, esto crea una base de datos inmensa. El taller nos mostró qué información había sido recogida, cómo había sido recopilada y qué interrogantes de la investigación habían sido respondidas hasta el momento. Hasta la fecha, se han escrito más de cincuenta artículos científicos a partir de esta investigación, varios de los cuales han sido sumamente innovadores.

Una de las cosas más valiosas del estudio CVPM es que los participantes fueron entrevistados por primera vez cuando ambos miembros de la pareja todavía vivían. Cuando se realizaron las primeras entrevistas, ninguno de los dos tenía una enfermedad terminal. Luego, los investigadores hicieron un seguimiento de esas parejas durante varios años. Cuando uno de los dos miembros de la pareja fallecía, la persona que la sobrevivía era entrevistada nuevamente, entre seis y dieciocho meses después de su muerte. Dado que en la primera entrevista no había ninguna indicación de cuándo moriría uno de los miembros de la pareja, éste es un tipo de estudio único, un estudio «prospectivo». La información provenía de las parejas antes de la viudez, de manera que no se basaba de los recuerdos de la viuda o el viudo de cómo era su vida antes de la pérdida. Tener información prospectiva evita inexactitudes, ya que nuestros recuerdos se ven afectados por el tiempo y están sesgados por los acontecimientos que ocurrieron en el período intermedio.

La perspectiva del período anterior a la muerte de uno de los miembros de la pareja ha demostrado ser sumamente valiosa para refutar empíricamente algunos de los mitos sobre el duelo. A partir de la información del estudio CVPM, George Bonanno desarrolló un modelo de duelo con base empírica utilizando información acerca de los cambios que se producen en el duelo a lo largo del tiempo, y su modelo para estas trayectorias de adaptación influyó enormemente en este campo. ¡Imagínate lo diferente que hubiera podido ser el modelo de Kübler-Ross si ella hubiese vivido en la era de la ciencia con acceso a 1500 personas en duelo y a entrevistas en múltiples momentos a lo largo de los años! Conjuntos de datos de esta magnitud nos aseguran que los patrones de adaptación son fiables en un amplio número de personas. Muchas preguntas de entrevistas en una sola base de datos han permitido a los científicos examinar las asociaciones e incluso las predicciones entre los aspectos emocionales, personales, circunstanciales, familiares y sociales del duelo.

Las trayectorias del duelo

Imagínate que te unes a un club de lectura. En la primera reunión, te presentan a una mujer que te cuenta que se quedó viuda hace seis meses. Tú notas que parece un poco retraída e intranquila al mismo tiempo. Es la primera en marcharse de la reunión esa tarde. Tienes la esperanza de que regresará, ya que parece agradable y tiene algunas ideas interesantes acerca del libro. En efecto, ella asiste a las reuniones del grupo todos los meses. A veces parece estar un poco mejor y a veces un poco peor, pero básicamente está igual. El club de lectura es entretenido y continúas asistiendo hasta que te das cuenta de que llevas aproximadamente un año y medio haciéndolo. Esto te sorprende porque te das cuenta de que las cosas no han cambiado mucho para esta mujer durante ese tiempo. No habla de nuevas personas en su vida, suele llorar cuando hay algún tipo de pérdida en el libro que están leyendo y, simplemente, parece estar deprimida.

Tenla en mente mientras volvemos a los modelos científicos. La pregunta perspicaz que Bonanno respondió con la información del estudio CVPM fue la siguiente: ¿la trayectoria de adaptación de todo el mundo durante el duelo es igual?[26] Si las personas en duelo fueran entrevistadas a seis y dieciocho meses después de su pérdida, ¿todas se verían igual, o podrías detectar grupos de personas que caen en diferentes patrones? De hecho, en el estudio CVPM, Bonanno y sus colegas descubrieron que había cuatro trayectorias que se podían utilizar para tipificar el duelo de las personas. Estas trayectorias incluyen *resiliente* (las personas que nunca desarrollan una depresión tras la muerte de un ser querido), *duelo crónico* (una depresión que comienza después de la muerte de un ser querido y se prolonga), *depresión crónica* (una depresión que comenzó antes de la muerte del ser querido y continúa o se empeora después de su fallecimiento) y *depresión-mejoría* (una depresión preexistente que disminuye después de la muerte del

---

26. I. R. Galatzer-Levy y G. A. Bonanno (2012), «Beyond normality in the study of bereavement: Heterogeneity in depression outcomes following loss in older adults», *Social Science & Medicine* 74/12, pp. 1987-1994.

ser querido). Actualmente, este modelo de trayectorias del duelo ha sido replicado en varios otros estudios extensos. Fue realmente increíble tener una información tan detallada sobre el proceso del duelo de tantas personas.

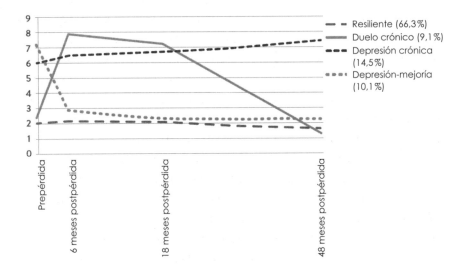

Consideremos qué trayectoria encaja mejor con la mujer del club de lectura. En el gráfico, los números en el eje vertical *y* (en el lado izquierdo) indican síntomas depresivos; los números más altos representan niveles más altos de depresión. La mujer del club de lectura estaba deprimida a los seis meses después de la muerte de su marido, cuando la conocimos, y a los dieciocho meses continúa estando deprimida. Pero éste es el verdadero entendimiento en las trayectorias en el modelo de duelo. Uno no sabe si esa mujer entra en la categoría de depresión crónica o en la de duelo crónico, y eso se debe a que la conocimos después de la muerte de su marido. La diferencia entre estas dos trayectorias es lo que estaba ocurriendo en su vida antes de la muerte de su ser querido.

Si encaja en el grupo de la depresión crónica, esta mujer estaba sufriendo de depresión antes de su muerte, y el duelo es una continuación de las dificultades que estaba experimentando. Si encaja en el grupo del duelo crónico, eso significa que le estaba yendo bien en la vida, con los altibajos normales, pero no estaba sufriendo de depresión. Fueron la muerte de su marido y el estrés de su continua ausencia los factores que la llevaron a la depresión. Una vez que ya estuvo deprimida, no fue capaz de salir de esa depresión durante meses y meses. Probablemente puedes imaginar por qué la diferencia entre estas dos trayectorias es importante. En un caso, sus problemas vienen de lejos y probablemente requieren un tipo de intervención distinta que si sus problemas comenzaron al quedarse viuda. La visión de Bonanno sólo puede mostrarse con datos prospectivos. Cuando un médico se enfrenta a una persona que está sufriendo durante el duelo, debe preguntar si ése es un problema de larga duración. No debemos dar por sentado que la muerte puede ser señalada como la causa del sufrimiento, a pesar de que la persona está sufriendo después de la pérdida.

Quizás observes que, transcurridos cuatro años o cuarenta y ocho meses, la mujer que experimenta un duelo crónico tiene el mismo nivel de síntomas depresivos que las personas que siguieron una trayectoria resiliente. Sabemos que hay personas que experimentan un duelo crónico durante mucho más tiempo, incluso una década. Entonces, incluso en la trayectoria del duelo crónico la adaptación es posible, incluso si el proceso es más lento.

Resiliencia

Una de las trayectorias del duelo de Bonanno era la «resiliencia». Esas viudas y viudos no tenían una depresión antes de perder a su pareja, y cuando fueron entrevistados seis meses después de su pérdida, todavía no mostraban señales de depresión. Lo mismo ocurrió a los dieciocho meses. Ciertamente, no podemos decir lo que sintieron en esos primeros seis meses, y el hecho de que no tuvieran una depresión no significa que no experimentaran tristeza o aflicción.

Sin embargo, lo destacable fue cuántas personas entraban en esta categoría resiliente de «ninguna depresión»: más de la mitad de los viudos. Esto quiere decir que la resiliencia es el patrón de duelo más típico, el cual nos muestra que la mayoría de las personas que experimentan la muerte de un ser querido no tienen una depresión en ningún momento. Francamente, esto sorprendió a muchos de los que estudian el duelo. Esto nos recordó que los médicos habían estado estudiando principalmente a las personas en duelo que habían pedido ayuda después de perder a un ser querido, un grupo más pequeño que el grupo de «resilientes» que no experimentaron ninguna depresión. Habíamos generalizado nuestro conocimiento de las personas que estaban teniendo dificultades para lidiar con la muerte hasta incluir a todas las personas en duelo, porque no contábamos con un estudio sistemático, a gran escala. Sólo habíamos adquirido este conocimiento sobre la experiencia común de la resiliencia porque el estudio CVPM había escogido a personas al azar en Detroit para participar en él. El muestreo aleatorio requiere de métodos científicos sociales cuidadosos y es más difícil de lo que podría parecer. Cuando se pidió a las personas que participaran en el estudio, los investigadores no sabían cómo iban a enfrentar la viudez, porque todavía no habían perdido a su pareja. Eso quería decir que las personas que se adaptaban bien y las que no se adaptaban bien tenían las mismas probabilidades de ser incluidas.

Curiosamente, la aflicción que no afecta mucho a la vida de las personas no se ha estudiado tanto. Para la psicología clínica, esto tiene sentido, porque la motivación clínica es entender qué es lo que ayuda a la gente que necesita ayuda. Además, es más fácil conseguir que las personas se ofrezcan voluntarias para un estudio cuando están buscando ayuda. Pero esto puede sesgar nuestra comprensión de cómo es el duelo.

Aflicción versus depresión

Sigmund Freud fue el primero en escribir acerca de lo similares que son la aflicción y la depresión.[27] Aunque pueden parecer iguales, una diferencia entre ellas es que la depresión suele llegar de la nada, mien-

---

27. S. Freud (1917), *Mourning and Melancholia*, vol. XIV en *The Standard Edition of the Complete Psychological Works of Sigmund Freud* (1914-1916): O*n the History of the Psycho-Analytic Movement, Papers on Metapsychology and Other Works*, pp. 237-258, https://www.pep-web.org /document.php?id=se.014.0237a

tras que la aflicción es una respuesta natural a una pérdida. Desde la época de Freud, hemos aprendido que la depresión y la aflicción, incluso la aflicción severa, pueden diferenciarse. Por ejemplo, la depresión tiende a extenderse por todos los aspectos de la vida. Las personas que tienen depresión sienten que prácticamente todas las facetas de su vida son desastrosas, en lugar de sentir que solamente están teniendo dificultades con la pérdida de un ser querido.

Mi madre murió cuando yo tenía veintiséis años, y no desarrollé un duelo complicado, pero tuve problemas de depresión. Como dije antes, mi madre también había tenido una depresión importante, la cual comenzó con episodios depresivos cuando yo nací, y los sufrió a lo largo de toda mi infancia. Hay muchos casos de depresión en mi familia materna; es como una veta de mineral que se extiende a través de generaciones, escogiendo a una persona u otra. Yo ya había experimentado un episodio de depresión antes de que ella muriera, en un período en el que echaba de menos mi hogar durante mi primer año en la universidad. Mi respuesta a su muerte incluyó otro ataque de depresión, y no fue el último. Cuando aprendí más cosas acerca de las personas que experimentaban un duelo complicado en mis estudios de investigación, me di cuenta de que la característica principal de su experiencia de la aflicción era el anhelo. Ése no era el sentimiento contra el que yo había luchado cuando había estado en duelo. Aunque después de la muerte de mi madre tuve dificultades, no había anhelado que ella regresara. En todo caso, sentía alivio de que se hubiera marchado, porque mi relación con ella había sido sumamente difícil y porque sabía lo infeliz que había sido durante algunos períodos de su vida. Sentir alivio por la muerte de un ser querido, aunque no es infrecuente, es terriblemente estigmatizante, de manera que no lo admití ante muchas personas. De hecho, todavía me cuesta admitirlo ante vosotros ahora. Sin ella en mi vida, había menos conflictos interpersonales, pero muchos de los patrones de relación que desarrollé a lo largo de dos décadas con mi madre se repetían en mis otras relaciones, y por eso la depresión se manifestaba en muchos aspectos de mi vida.

A diferencia de mi situación, para una persona con duelo crónico, los sentimientos terribles se originan porque echa de menos a la persona fallecida, y si hay culpa, se centra también en algo relacionado con la pérdida. En otras palabras, si el ser querido que ha fallecido volviera a estar vivo, la persona con depresión podría alegrarse, pero el regreso del ser querido no solucionaría nada. La persona seguiría estando deprimida. Pero en el caso de una persona con aflicción crónica, los sentimientos, el dolor y las dificultades están ligados a la ausencia de la persona fallecida. Anecdóticamente, las personas que han experimentado una depresión anteriormente en sus vidas dicen que la aflicción es distinta a la depresión.

La ciencia del duelo reconocía que había personas que empezaban a tener dificultades después de la muerte de un ser querido y continuaban teniéndolas durante meses e incluso años. Un grupo de expertos en el duelo y los traumas, el cual incluía a investigadores y médicos, acordaron en 1997 analizar si estaban de acuerdo en cuáles eran los síntomas de un trastorno de duelo crónico.[28] Aunque muchos han escrito sobre las personas que no se recuperan después de la pérdida de un ser querido, no existe ningún consenso clínico sobre qué criterios deberían utilizarse para identificar este fenómeno del duelo crónico.

Este grupo de expertos identificó una lista de síntomas que caracterizan a aquellas personas a las que más les cuesta adaptarse después de la muerte de un ser querido. Basándose en la evidencia empírica y a la experiencia clínica, estuvieron de acuerdo en que un trastorno de duelo podría diferenciarse de los trastornos de depresión o ansiedad (incluyendo el trastorno de estrés postraumático). Los síntomas principales de este duelo crónico incluían (1) obsesión con el anhelo de que la persona fallecida regrese y (2) síntomas traumáticos causados por la pérdida. Se desarrollaron criterios que los médicos y los investigadores podían utilizar para determinar si una persona que estaban estudiando encajaba con este fenómeno del duelo crónico. La creación de estos criterios fue importante porque, anteriormente, diferentes investigadores habían utilizado diferentes definiciones de lo que constituía

---

28. H. G. Prigerson, M. K. Shear, S. C. Jacobs, C. F. Reynolds, P. K. Maciejewski, P. A. Pilkonis, C. M. Wortman, J. B. W. Williams, T. A. Widiger, J. Davidson, E. Frank, D. J. Kupfer y S. Zisook (1999), «Consensus criteria for traumatic grief: A preliminary empirical test», *British Journal of Psychiatry*, 174, pp. 67-73.

una aflicción severa, lo cual dificultaba la comparación de estudios de investigación.

Al clarificar el conjunto de síntomas de un trastorno del duelo, podíamos comenzar a plantear otras preguntas científicas. Por ejemplo, podríamos ser capaces de predecir qué personas tenían un mayor riesgo de padecerlo, y así ofrecerles apoyo. Podíamos preguntar si había otras características asociadas al duelo crónico, como estrés psicológico o la forma en que la pérdida era procesada en el cerebro.

Trastorno de duelo prolongado

Hay un aspecto positivo y un aspecto negativo en el hecho de decir que el duelo crónico es un trastorno, pues le estamos dando un nombre a una experiencia que afecta a una pequeña porción de las personas en duelo que lo pasan mal durante un período de tiempo prolongado. El aspecto positivo es que darle un nombre a un trastorno permite que la gente sepa que hay otras personas que han tenido las mismas dificultades, lo cual puede ser muy tranquilizador. Les permite saber que no son las únicas, y que los investigadores están trabajando para saber cómo intervenir. Aunque desarrollar criterios clínicos no es mi principal área de estudio como científica clínica, es muy difícil entender la neurobiología de la aflicción sin conocer algo de esta historia diagnóstica. No podemos comprender lo que podría ir mal en el cerebro durante el duelo clínico si no entendemos lo que podría ir mal psicológicamente.

Cuando comprendimos que una de cada diez personas en duelo no se adapta a lo largo de un período de tiempo prolongado, concentramos nuestra atención clínica en aquellas que no mejoraban con el apoyo habitual de amigos y familiares. Esta pequeña porción de personas no vuelve a sentir que su vida tiene sentido con el paso del tiempo. Concentrarnos en aquellas que tienen un trastorno de duelo, utilizando estos criterios, ha hecho que se desarrollen psicoterapias que pueden aliviar este trastorno eficazmente. Hablaré más de estos tratamientos más adelante en este libro.

Nosotros, como científicos y clínicos, todavía estamos en la primera etapa de entender exactamente qué es el trastorno de duelo. Todavía estamos en el proceso de diferenciarlo del sufrimiento humano normal del duelo, y diferenciarlo de la depresión, la ansiedad y el trauma. Dado que todavía estamos a medias de completar la historia, el trastorno de duelo ha desarrollado algunos nombres, incluidos *duelo complicado* y *trastorno de duelo prolongado*. Aunque el término *duelo traumático* fue utilizado inicialmente por el grupo en 1997, actualmente se refiere a la aflicción que se produce después de una muerte traumática; el término *traumático* centra el énfasis en sobrevivir a una muerte repentina o violenta. El trastorno del duelo prolongado ahora está incluido en la Clasificación Internacional de Enfermedades (CIE-11) creada por la Organización Mundial de la Salud. Fue aceptado como un diagnóstico en el *Manual de diagnóstico y estadística de trastornos mentales (DSM-5-TR)* publicado por la Asociación Psiquiátrica Americana en 2022. Los síntomas característicos incluyen un anhelo intenso, o pensamientos obsesivos por la persona fallecida, diariamente. Entre otros síntomas, hay un dolor emocional intenso, un sentimiento de incredulidad o la incapacidad de aceptar la pérdida, dificultad para realizar actividades o hacer planes, y un sentimiento de haber perdido una parte de uno mismo. Estos síntomas ocurren durante un mínimo de seis meses (o al menos un año, en el *DSM-5-TR),* interfieren con la capacidad de cumplir con el trabajo, los estudios o las responsabilidades familiares, y excede lo que se espera en el contexto cultural o social de la persona.

Las vidas de este pequeño grupo de personas con un trastorno del duelo eran distintas a las de aquellas que experimentan el sufrimiento universal del duelo. Lo veo en la mujer que me dijo que no había ninguna razón para hacerles sus *bar mitzvahs* a sus hijos porque su abuela ya no estaba con ellos. Lo veo en el hombre que era un líder en su comunidad, pero, después de la muerte de su hijo, ya no podía serlo porque «simplemente ya no le importaba la gente». Lo veo en el reportero de un periódico nacional que acabó perdiendo su empleo porque no lograba acabar una entrevista con sus fuentes sin ponerse a llorar. Ésta es la experiencia de una viuda que continúa comprando la misma cantidad de alimentos que antes de la muerte de su marido, a pesar de saber que acabará tirando a la basura la mitad de la comida que prepara para los dos.

Me gusta el término *duelo complicado,* porque me hace recordar las complicaciones que pueden ocurrir en cualquier proceso de sanación normal. Si te rompes un hueso, el cuerpo crea células nuevas que lo remodelan y le devuelven su fortaleza original. Aunque los médicos pueden apoyar este proceso estabilizando el hueso con un yeso, volver a unir el hueso es un proceso de curación natural. Si te has roto un hueso, incluso años más tarde, el medico puede detectarlo en una radiografía. Con el dolor ocurre algo similar, en el sentido de que la vida de la persona cambia para siempre debido a la pérdida, incluso cuando se ha adaptado bien. Sin embargo, puede haber complicaciones en la curación de un hueso fracturado, como, por ejemplo, una infección o una segunda lesión, y yo veo un duelo prolongado y severo de la misma manera. Normalmente hay complicaciones que han interferido con el proceso habitual de adaptación, y el objetivo es identificar y resolver esas complicaciones para lograr que la persona vuelva a encarrilarse con la adaptación típica, resiliente. Más adelante, veremos en profundidad un tipo de complicación que se crea mediante ciertos pensamientos que surgen a medida que nos vamos adaptando.

En este libro utilizo con frecuencia el término *duelo complicado,* un término que estaba de moda cuando se realizó la investigación de la que hablo. Me estoy refiriendo a la experiencia aguda, prolongada, que es consecuencia de las complicaciones en el duelo después de una muerte. Éste es un duelo «crónico», el extremo superior de la progresión del duelo que puede llamarse un trastorno del duelo. En la ciencia clínica actual, el duelo complicado incluye a un número mayor de personas en ese extremo superior de la progresión (aproximadamente 1 o 2 de cada 10) que el trastorno del duelo prolongado (entre 1 y 10 de cada 100). Aunque los términos son un tanto distintos, mi intención principal es señalar a las personas que se encuentran en el extremo superior de este continuo.

La aflicción y la estructura del cerebro

¿Existen diferencias entre los cerebros de aquellas personas que se están adaptando de una forma resiliente y aquellas que tienen un duelo complicado? La muerte de un ser querido afecta al cerebro, pero la relación entre la aflicción y el cerebro va en ambas direcciones. La función cerebral, la cual depende de la integridad estructural del cerebro, afecta también a nuestra capacidad de entender y procesar una muerte y lo que significa para nuestra vida. Expresándolo de una forma más dramática, si una persona no puede recordar bien, o no es capaz de formar nuevos recuerdos, hay que decirle una y otra vez que su ser querido ha fallecido. Sin una estructura cerebral que mantenga el recuerdo en su sitio, la persona se enfrenta nuevamente a la pérdida una y otra vez.

Nuestra capacidad cognitiva para conservar recuerdos, hacer planes, recordar quiénes somos e imaginar el futuro puede ayudarnos a recuperar una vida que tenga significado. La ciencia ha investigado cómo la función y la estructura del cerebro de la persona en duelo impacta a la relación entre esas capacidades mentales y los resultados del duelo. Investigadores del Centro Médico Erasmus de Rotterdam han publicado una serie de estudios que arrojan luz sobre los cambios que se producen en los procesos cognitivos y en el cerebro durante el duelo. En 2018, tuve la suerte de trabajar con esos investigadores cuando me tomé un año sabático en Holanda.

A mediados de los ochenta, esos médicos e investigadores proféticos se dieron cuenta de que los mayores se convertirían en la mayor parte de la población de Holanda, de la misma manera en que nos enfrentamos al envejecimiento de la población en Estados Unidos. Ellos sabían que este cambio demográfico provocaría un incremento de personas adultas con enfermedades crónicas, y la mejor manera de descubrir las causas de esas enfermedades era estudiando los factores de riesgo. Por lo tanto, iniciaron un inmenso estudio epidemiológico.

Como ya comenté, determinar los aspectos causales de una enfermedad requiere de una investigación prospectiva. Hay que evaluar a las personas antes de que desarrollen una enfermedad, y entonces se les puede hacer un seguimiento para determinar cuándo desarrollaron una enfermedad cardíaca, un cáncer o una depresión. Con esta información anterior y posterior, los investigadores pueden determinar qué factores causales existían en el pasado. Significativamente, debido a la amplia gama de personas estudiadas, también pueden observar su pasado y determinar si esos factores existían también en aquellas que no desarrollaron las mismas enfermedades.

Los investigadores holandeses tuvieron la idea de concentrarse en un barrio típico de Rotterdam, y construyeron un centro especial de investigación médica en medio de ese distrito. Esto permitió que se realizaran regularmente evaluaciones médicas y psiquiátricas, que se tuviera un registro central y que existiera una integración entre la comunidad y los investigadores. Para la investigación sobre el duelo, tomaron una decisión clave que cambiaría drásticamente la ciencia del duelo. No sólo les preguntaron a todas las personas si habían experimentado la muerte de un ser querido, sino que además les preguntaron sobre los criterios estandarizados de diagnóstico para evaluar la gravedad de su aflicción. En consecuencia, ahora contamos con años de información sobre la trayectoria de muchos mayores que están en duelo.

A los holandeses que participaron en el estudio también se les realizaron resonancias magnéticas estructurales del cerebro. Las resonancias magnéticas estructurales son distintas a las resonancias funcionales (IRMf). Dado que nos dicen dónde se están activando las neuronas, utilicé una IRMf para el primer estudio sobre el duelo, para determinar qué partes se utilizan para funciones mentales específicas como la memoria o las emociones. Por otro lado, las resonancias magnéticas estructurales distinguen hueso, fluido cerebroespinal y materia gris. Una IRM estructural es básicamente una radiografía tridimensional más sofisticada. Las IRM estructurales también pueden utilizarse para examinar la rodilla o el corazón. Cuando una IRM estructural se centra en la cabeza, les muestra a los investigadores el tamaño total del cerebro. Significativamente, también muestra la integridad estructural de la materia gris y la materia blanca del cerebro. Resulta ser que el cerebro no es sólido. En lugar de eso, hay diminutos espacios entre todas las neuronas. De la misma manera en que dos huesos pueden tener el mismo tamaño general, si un hueso tiene osteoporosis puede ser poroso y frágil porque tiene muchos agujeros adicionales en su interior, lo cual significa que su integridad estructural es deficiente. De manera que, dos huesos pueden tener el mismo tamaño, pero no el mismo volumen. Asimismo, en el cerebro se crean espacios cuando las neuronas se encogen a causa del envejecimiento natural, una lesión o una enfermedad. Éstos pueden ser detectados con una IRM estructural y así podemos comparar los volúmenes cerebrales de diferentes personas.

El estudio de Rotterdam comparó los cerebros de 150 personas mayores con duelo complicado, 615 personas en duelo que no tenían complicaciones y 4731 personas que no estaban pasando por un duelo. No se incluyó a personas que en ese momento estaban experimentando un trastorno depresivo importante para que los resultados estuvieran asociados claramente al duelo y no a la depresión. El grupo con un duelo complicado tenía un volumen cerebral significativamente menor que el grupo de las personas que no estaban en duelo,[29] pero los cerebros de los grupos que no estaban en duelo y resilientes fueron indistinguibles. De manera que una mayor gravedad de la aflicción en los mayores, y no sólo el hecho de experimentar un duelo, estaba asociada a un volumen cerebral ligeramente menor.

Un solo escaneo de IRM es una fotografía en el tiempo, una muestra representativa de información. Pero no puede decirnos nada acerca de si un volumen cerebral menor es la causa o la consecuencia del duelo. Un volumen cerebral más pequeño en aquellas personas que tienen un duelo complicado no arroja ninguna luz sobre si las diferencias estructurales existían antes del duelo o si se desarrollaron posteriormente. Por un lado, una menor integridad estructural preexistente en el cerebro podría impedir una adaptación resiliente al duelo. Por otro lado, el estrés de una aflicción grave podría producir un poco de encogimiento en el cerebro. Un cerebro ligeramente más pequeño, menos sano, podría hacer que fuera más difícil el aprendizaje, o la adaptación, durante el duelo. Lo importante es que, en un estudio muy amplio con mayores, en promedio, existieron algunas diferencias cerebrales estructurales en aquellas personas con más dificultad para adaptarse.

Este hallazgo plantea la pregunta de si también hay cambios en el funcionamiento cognitivo de las personas en duelo, o en los casos en

---

29. H. C. Saavedra Pérez, M. A. Ikram, N. Direk, H. G. Prigerson, R. FreakPoli, B. F. J. Verhaaren, *et al.* (2015), «Cognition, structural brain changes and complicated grief: A population-based study», *Psychological Medicine* 45/7, pp. 1389-1399, https://doi.org/10.1017/S00332917140024

que hay un duelo complicado. El duelo exige mucho a nivel mental. La capacidad mental de planear el futuro después de la muerte de un ser querido requiere que nos basemos en nuestras experiencias pasadas, que generemos y anticipemos posibles desenlaces, y que tengamos en mente nuestros valores, objetivos y deseos más importantes; mientras, al mismo tiempo, consideramos nuestras experiencias actuales y nuestro conocimiento general del mundo. Integrar toda esta información en un plan coherente sobre el cual podamos actuar requiere una gran capacidad cognitiva. Cabe destacar que muchas personas en duelo se quejan de que les cuesta concentrarse. Se pueden realizar pruebas cognitivas estandarizadas para determinar si las personas en duelo difieren de las personas que no están en duelo en sus capacidades cognitivas. Alguien que está en duelo podría tener dificultad para concentrarse por un motivo que no tiene nada que ver con su capacidad cognitiva. Por ejemplo, esa falta de atención podría estar causada por pensamientos de fondo acerca de la persona fallecida o de la pérdida. En cambio, si un grupo de personas en duelo no tiene un buen desempeño en una prueba cognitiva, incluso cuando ponen todo su esfuerzo y atención, podríamos concluir que la causa de la dificultad fue el deterioro cognitivo. Afortunadamente, los mismos investigadores del estudio de Rotterdam que estudiaron la estructura del cerebro también realizaron pruebas cognitivas a los participantes.

La función cognitiva en el duelo, ahora y más adelante

En el estudio de Rotterdam, los participantes mayores realizaron una serie de pruebas cognitivas. Éstas incluían pruebas de memoria a corto y largo plazo, de velocidad de procesamiento de información, de atención y concentración, de memoria para palabras y sus asociaciones, y desempeño cognitivo general. Estas pruebas incluían, entre otras cosas, hacer crucigramas, combinar símbolos, recordar historias y hacer diseños con bloques, todo ello estandarizado para la edad y el nivel de educación de la persona. El psiquiatra y epidemiólogo Henning Tiemeier halló que el grupo en duelo resiliente no tuvo un desempeño peor en las pruebas que el grupo de la misma edad que no estaba pasando por un duelo.

Por otro lado, el grupo con un duelo complicado no tuvo tan buen desempeño en las pruebas cognitivas en comparación con el grupo en duelo que era más resiliente. Las personas con un duelo complicado tenían un funcionamiento cognitivo general ligeramente más bajo y una menor velocidad para procesar la información. Pero repito, no sabemos nada acerca de qué fue primero; es el problema del huevo y la gallina. ¿El estrés de adaptarse a una muerte afectó al funcionamiento cognitivo, o el funcionamiento cognitivo de la persona mayor afectó a su capacidad de procesar la muerte y lo que vino después? Un funcionamiento cognitivo general deficiente puede ser causante de una aflicción más severa porque es más difícil adaptarse a una pérdida cuando hay una capacidad cognitiva menor. También puede ocurrir que la función cognitiva esté afectada porque una reacción prolongada de aflicción puede afectar a la estructura o la función de las neuronas y, en consecuencia, a las funciones mentales que nuestro cerebro posibilita.

Hay cierta evidencia que nos ayuda a desentrañar este problema, aunque no creo que sea definitiva. Cuando los mismos participantes mayores fueron sometidos a pruebas cognitivas siete años más tarde, aquéllos con un duelo complicado tenían una mayor tendencia a tener algunas deficiencias cognitivas generales en comparación con los que vivían el duelo con resiliencia.[30] Los cerebros de las personas resilientes en duelo seguían pareciéndose a los de las personas que no estaban en duelo. Esta información sugiere que la pérdida es un evento normal en la vida al cual la mayoría de la gente se adapta sin déficits duraderos. Sin embargo, en el caso de quienes tienen un duelo complicado, les ocurre algo singular. Tiemeier y sus colegas interpretaron estos resultados de la siguiente manera: al menos en el caso de los mayores, las personas con un deterioro cognitivo leve tienen más probabilidades de

---

30. H. C. Saavedra Pérez, M. A. Ikram, N. Direk y H. Tiemeier (2018), «Prolonged grief and cognitive decline: A prospective population-based study in middle-aged and older persons», *American Journal of Geriatric Psychiatry* 26/4, pp. 451-460, https://doi.org/10.1016/j.jagp.2017.12.003

tener reacciones de aflicción más severa cuando un ser querido muere. Este deterioro cognitivo leve hace que sean más vulnerables a sufrir un duelo complicado.

El lento deterioro cognitivo que están experimentando puede ocurrir a lo largo de décadas. Una posibilidad es que el funcionamiento cognitivo deficiente no esté causado por la pérdida de un ser querido, sino que el deterioro cognitivo esté atribuido a esa pérdida porque el evento es fácil de identificar, incluso si ocurrió en medio de un lento deterioro cognitivo. Creo que todavía tenemos que investigar más esta área. Me pregunto si, en el caso de estos mayores con un duelo complicado, la terapia efectiva que les ayudó a adaptarse mejor podría ralentizar o detener el deterioro cognitivo.

Es importante señalar que existen algunas limitaciones en este estudio. Por ejemplo, el declive cognitivo como una explicación de las reacciones del duelo complicado se aplica menos a las personas que son de mediana edad, o más jóvenes, en el momento de la pérdida del ser querido. Todavía no se han realizado estudios con pruebas cognitivas y IRM estructurales en personas más jóvenes. Además, el estudio utiliza promedios de grupo. En el caso de cada persona que desarrolla un duelo complicado, no podemos decir que ha sido causado por un deterioro cognitivo leve. Incluso si los déficits cognitivos leves son un factor de riesgo para el duelo complicado, es muy probable que el deterioro a lo largo del tiempo sea por una interacción entre el cerebro que está envejeciendo y el evento estresante de la pérdida de un ser querido.

Además, la psicoterapia para el duelo complicado puede mejorar el funcionamiento cognitivo. Los psicólogos clínicos australianos Richard Bryant y Fiona Maccallum utilizaron la terapia cognitivo-conductual (TCC) para tratar a un pequeño número de personas con trastorno de duelo prolongado. Luego evaluaron su capacidad de tener recuerdos específicos antes y después del tratamiento.[31] La psicoterapia permitió que las personas en duelo recordaran eventos autobiográficos

31. F. Maccallum y R. A. Bryant (2011), «Autobiographical memory following cognitive behaviour therapy for complicated grief», *Journal of Behavior Therapy and Experimental Psychiatry* 42, pp. 26-31.

más específicos. Aquellas que mostraron la mayor mejoría en su aflicción durante la terapia también mostraron el mayor aumento en su capacidad de memoria. Por lo tanto, el duelo prolongado y una función cognitiva deficiente pueden estar asociados, aunque no de forma casual. Si el duelo prolongado remite, entonces las dificultades cognitivas se pueden resolver también.

Psicoterapia para el duelo complicado

Imagínate que estás en la caja de un supermercado, comprando comida para el fin de semana. Ves a los productos pasar por la cinta transportadora y oyes el pitido cuando la cajera les pasa el escáner. Una mujer viuda llamada Vivian se encontraba en ese lugar, semana tras semana. Mientras observaba el proceso, pensaba, «Voy a tirar la mitad de todo esto a la basura». ¿Por qué? Porque todavía cocinaba cada noche para su marido fallecido y para ella. Preparaba platos elaborados tal como lo había hecho siempre. Incapaz de comer por dos, noche tras noche tiraba la mitad de la comida a la basura. Y, sin embargo, a la semana siguiente volvía a escoger la misma cantidad de verduras, pasta, hamburguesas y cartones de leche que la semana anterior. Simplemente no lograba dejar de comprar para él, como si el hecho de no cocinar para él fuese a cortar el último hilo de la gruesa cuerda que los había mantenido unidos durante cuarenta años. Como eso era lo único que podía controlar, podía continuar cocinando para él. Al mismo tiempo, sabía que sus actos no tenían ningún sentido. No ponía un plato para él, ni le servía su ración: tenía muy claro en su mente que él había fallecido. Pero, dado que temía que su familia y sus amigos creyeran que estaba loca, no le hablaba a nadie de esta rutina nocturna.

Finalmente, Vivian oyó hablar del Tratamiento del Duelo Complicado (TDC). Sin muchas esperanzas, pero con un rayito de reconocimiento de que los meses que llevaba preparando comidas que nadie comía podían encajar con el trastorno que describía el anuncio, pidió una cita para la terapia. El TDC fue desarrollado por la psiquiatra Kathy Shear en la Universidad de Columbia. Los ensayos clínicos aleatorios de Shear demostraron que las personas pueden recuperarse cuando la terapia está dirigida específicamente a los síntomas del duelo complicado, y más personas se recuperaron con el TDC que un grupo de control que recibió otro tipo de psicoterapia. Los estudios de Shear han sido publicados en el *Journal of the American Medical Association* (*JAMA*) y en el *American Journal of Psychiatry*. Incluso en los mayores, el 70 por ciento de los que recibieron esta terapia se recuperaron, en comparación con el 32 por ciento que recibió otra terapia.[32]

Vivian comenzó a recibir la terapia intensiva de dieciséis semanas. Las sesiones iniciales se centraron en explicarle cómo funciona el duelo, y su terapeuta le comunicó que muchas personas sienten que quedarse atascadas en la aflicción es su propia culpa. Definitivamente, Vivian sentía eso, y contó que su familia extendida pensaba que ella necesitaba «seguir adelante». Pero el terapeuta le habló de que juntos identificarían las complicaciones que se estaban interponiendo en su camino y le dijo que le dejaría tareas entre cada sesión para que ella desarrollara las diferentes habilidades que necesitaría en su vida ahora. Le enseñó a observar sus pensamientos y sus sentimientos, y a ponerlos por escrito, para que pudieran descubrir cuáles eran los más problemáticos para ella.

Las compras en el supermercado fueron el problema más obvio que Vivian pudo identificar. El terapeuta le dijo que ese era uno de los factores de estrés de la recuperación del modelo del proceso dual: cómo manejar las compras en el supermercado y la cocina. Pero también se quiso concentrar en la pérdida y le preguntó a Vivian si le permitía que la grabara mientras ella le contaba cómo había fallecido su marido (todavía no le había descrito a nadie los hechos que ocurrieron ese día). Ella le explicó que su marido había estado un par de semanas en el hospital y ella había permanecido a su lado día y noche. Estaban muy unidos y Vivian quería estar ahí en las pocas ocasiones en las que él despertaba. Una tarde, la enfermera que la veía ahí cada día le sugirió amablemente que debería irse a casa, ducharse y ponerse ropa limpia.

32. M. K. Shear, Y. Wang, N. Skritskaya, N. Duan, C. Mauro y A. Ghesquiere (2014), «Treatment of complicated grief in elderly persons: A randomized clinical trial», JAMA Psychiatry 71/11, pp. 1287-1295, doi:10.1001 /jamapsychiatry.2014.1242.

Vivian estaba exhausta, de manera que estuvo de acuerdo en hacerlo. Una hora más tarde, cuando regresó, la enfermera le dijo que su adorado marido había fallecido. Se sentía tan abrumada por la aflicción y la culpa, que a duras penas pudo decirle estas palabras al terapeuta: «Nunca antes había admitido ante nadie que fue mi culpa –dijo–. Él murió sin mí».

El TDC abordó el estrés de la pérdida reviviendo esas emociones intensas y abrumadoras una y otra vez, y enseñando técnicas para entrar y salir de esos sentimientos con flexibilidad. Juntos, Vivian y su terapeuta se dieron cuenta de que ella estaba evitando ese recuerdo, y practicaron estrategias para examinarlo. El terapeuta le pidió que escuchara todos los días la grabación de ella misma contando la historia, animándola a aceptar la realidad de su pérdida. Esta tarea requiere de una gran autocompasión para enfrentar el sufrimiento del duelo, y parte de esta autocompasión implica «dosificar» los sentimientos y, además, aprender a hacerlos a un lado; ésta es la oscilación que vemos en el modelo del proceso dual.

Para abordar los estresores de la recuperación, el terapeuta le preguntó a Vivian cómo sería cocinar una comida para una sola persona. «Francamente, preferiría no comer –respondió ella–. Es demasiado deprimente imaginar una pequeña patata en una olla, o en un plato. Simplemente, me sentiría muy sola». ¿Qué otra cosa podía hacer con la comida? Vivian decidió salir, comprar recipientes y comenzar a congelar las sobras. Sabía que no se las comería, pero dijo que podía preguntar si en su parroquia si alguien necesitaba comida. De hecho, la coordinadora de voluntarios para los feligreses que no podían salir de casa le dijo que había una alta demanda de comida casera. Vivian le dijo a su terapeuta que ella no se veía visitando a personas que vivían solas en sus casas, pero que podía llevar la comida congelada a la parroquia para que otras personas la distribuyeran.

Para muchas personas que han perdido a un ser querido y llevan mucho tiempo sufriendo, encontrar objetivos y actividades con un terapeuta que despiertan incluso un pequeño interés es una revelación. Antes del final de la terapia, el terapeuta y la persona en duelo trabajan para fortalecer las conexiones sociales, encontrar o mejorar relaciones con personas amables o amorosas que van a estar en su vida a partir de ese momento. Para Vivian, incluso probar una nueva forma de hacer las cosas como un experimento de dieron un impulso hacia adelante que la llevó a una espiral ascendente. La coordinadora de voluntarios resultó ser una mujer joven y llena de vida que disfrutaba de las historias de Vivian acerca de su vida y sus viajes por el mundo con su marido. ¡Y, además, le encantaba lo que Vivian cocinaba!

El TDC incluye conversaciones imaginarias con la persona fallecida, guiadas por el terapeuta. Durante una de esas conversaciones, cuando Vivian le dijo en voz alta a su marido cuánto lo había amado, se sintió inundada por el sentimiento de cuánto la había querido él a ella también. «Creo que él me amaba demasiado como para morir mientras yo me encontraba en la habitación del hospital –dijo–. Quizás fue una bendición que yo me hubiera ido, para que él pudiera partir de la forma en que necesitaba hacerlo». La fuerza de sus sentimientos de amor hizo que se diera cuenta de que lo que todavía los mantenía unidos no era lo que ella cocinaba, sino un vínculo profundo que nunca desaparecería. Más adelante, cuando Vivian todavía cocinaba para los feligreses porque era algo que era importante para ella, ya no lo hacía por una necesidad compulsiva de alimentar a su marido.

Todavía hay relativamente pocos terapeutas entrenados en una psicoterapia para el duelo complicado basada en la evidencia. Además del TDC, otras formas de psicoterapia con una base empírica incluyen la terapia de exposición y la terapia cognitivo-conductual.[33] En Europa, hay estudios que han demostrado que la terapia cognitivo-conductual con un objetivo pueden ser eficaces también para grupos. Pero la ciencia del duelo está avanzando mucho en la comprensión de cuáles son los ingredientes fundamentales para la terapia para aquellas personas con un duelo complicado y lo que tiene que cambiar en la persona afligida para que la terapia sea un éxito.

---

33. P. A. Boelen, J. de Keijser, M. A. van den Hout, y J. van den Bout (2007), «Treatment of complicated grief: A comparison between cognitive-behavioral therapy and supportive counseling», *Journal of Consulting and Clinical Psychology* 75, pp. 277-284.

El problema para diagnosticar un duelo complicado

Un trastorno mental comparte una frontera borrosa con las dificultades humanas normativas. Reconocemos un trastorno mental cuando la persona oye voces que le hacen creer cosas terribles acerca de sí misma. Reconocemos un trastorno cuando la ansiedad de una persona le impide salir de casa. Cuando una persona no es capaz de recordar el nombre de un ser querido, o cuando sufre tanto dolor psíquico que quisiera morirse, podemos identificar trastornos mentales. Los psicólogos y los investigadores están esforzándose por entender y explicar la turbia frontera entre el duelo con un trastorno y el dolor humano universal que se produce ante la pérdida de un ser querido, mediante la enumeración de criterios diagnósticos específicos, mediante la evaluación del funcionamiento en la vida diaria, mediante las exclusiones por el tiempo transcurrido desde el fallecimiento y si la reacción parece ser convencional desde el punto de vista de la cultura de la persona.

En el caso de las personas que están en duelo, que nunca antes habían sentido el dolor desgarrador de haber perdido a un ser querido, utilizar el término *duelo complicado* puede proporcionarles una manera de transmitir lo mal que se sienten. Pero el sufrimiento acompaña al duelo típico, incluso cuando no hay un trastorno. Me preocupa que las personas se describan con el término *duelo complicado* porque creen que la intensidad de su aflicción y que el hecho de que la resaca de la aflicción persista no pueden ser normales. Pero ésta es una preocupación habitual; el duelo lleva tiempo, y recuperar una vida con sentido lleva tiempo, en los casos más normales y naturales. Me preocupa el sobrediagnóstico por parte de profesionales y personas en duelo, quienes simplemente están tratando de explicar su experiencia en una cultura que no entiende el proceso universal del duelo.

He visto a gente adoptar el término *duelo complicado* como si fuera un símbolo de lealtad hacia la persona fallecida, una descripción de lo profundamente que la amaban. Pero la conexión con la naturaleza universal del duelo ayuda a conectarnos con los demás seres humanos, de manera que el diagnóstico debe realizarse con cuidado, en casos en los que las complicaciones requieren extraordinariamente una intervención. Usar el término como médico me permite comunicar a mis colegas y a las compañías de seguros que esa persona en duelo requiere una intervención para poder retomar la trayectoria de la sanación. El diagnóstico nos permite usar tratamientos psicoterapéuticos afinados cuidadosamente y estudiados empíricamente que crean una rampa de regreso hacia una vida con sentido para las personas que sufren de un duelo complicado.

CAPÍTULO 6

Añorar a tu ser querido

En el momento en que se produce la separación de tu ser querido puedes sentir como si alguien estuviera tirando de las fibras sensibles de tu pecho hasta romperlas. Esos vínculos de apego, esas ataduras, son invisibles, pero intensamente reales. Nos mantienen conectados con nuestros seres queridos; nos motivan a regresar a ellos, como una banda elástica; y crean la sensación de que nos falta algo cuando estamos separados.

Mi propia experiencia vívida de una separación de mi pareja ocurrió en mi veintena. Estaba recién casada, sólo habían transcurrido unos meses desde nuestra boda, y mi madre se encontraba en una residencia de cuidados paliativos. Mi esposa y yo vivíamos en Arizona, donde estudiábamos en la escuela de posgrado, y mi madre vivía en mi ciudad natal en Montana. Como suele ocurrir con las enfermedades terminales, mi madre tenía una crisis tras otra, y yo volaba a verla con frecuencia. Llevaba toda mi vida volando, desde los 18 meses; mi madre era británica y toda mi familia materna vivía en Inglaterra, de manera que toda mi infancia estuvo llena de vuelos transatlánticos. Pero debido a las emociones intensas que rodeaban los vuelos que tuve que tomar cuando mi madre estaba tan enferma, desarrollé un terror a volar. Cuando me subía a un avión, sentía verdadero pánico. Hacía cosas embarazosas para sobrellevar los aterrizajes y las turbulencias, como mecerme en mi asiento y cantar para mí misma en voz baja.

En diciembre de 1999, mi madre tuvo una última crisis médica. Mi hermana ya había volado a casa y me recomendaron que yo también lo hiciera. Mi esposa y yo decidimos que tenía más sentido que ella se quedara en Tucson, esperando para ver si esta hospitalización era una más de tantas. Si fuera necesario, ella vendría unos días más tarde. Mientras abordaba el que sería el último vuelo que tomaría estando mi madre viva, viéndome forzada a dejar a la persona a la que me sentía más unida en el mundo, y obligándome a entrar en el horror que significaba para mí ese avión, sentí como si me estuvieran arrancando y rompiendo los lazos que me unían a mi pareja. A pesar de que ésa era la decisión correcta, toda la maquinaria de mi cerebro estaba gritándome que no la dejara. Unas sustancias químicas poderosas y unas conexiones neurales estaban tratando de impedir que dejara la seguridad y el amor que conocía. Incluso teniendo la buena fortuna de saber que volvería a verla, nunca olvidaré esa intensa sensación de separación.

Sufrir por un ser querido cuando está vivo pero se encuentra lejos es muy útil para mantener el vínculo con él, pero el dolor puede llegar a ser insoportable cuando sabemos que nunca volverá. La gente describe el abrumador dolor del duelo, más allá de las emociones individuales, como un dolor psíquico. ¿Por qué duele tanto la aflicción? Mis estudios del cerebro han considerado esta interrogante y creo que el cerebro tiene unas herramientas muy poderosas, incluyendo hormonas, sustancias neuroquímicas y la genética, para producir esa sensación dolorosa y aparentemente insoportable.

¿Y tú quién eres?

Quiero tomar un pequeño desvío antes de responder a la pregunta de por qué la pérdida de un ser querido duele tanto, para contarte cómo el cerebro identifica a ese ser querido en particular. Para determinar quién es esa persona de la que nos cuesta tanto separarnos, el cerebro se enfrenta a un interesante problema. Para la mayoría de la gente, en la rutina cotidiana de nuestras vidas, para ir a casa después del trabajo no es necesario pensar mucho. Sin embargo, te sorprenderá saber que el cerebro tiene que dedicar espacio en su disco de memoria para recordar a exactamente el mismo miembro de nuestra especie unirse a él cada noche. Tiene que recordar que ese ser humano en concreto es la persona con la que deber regresar a casa después de cenar, y no la otra persona guapa en la que se ha fijado. Tu ser querido no tiene la misma apariencia el día que te enamoras de él que una década más tarde, u otra década más después de ésa. Y, sin embargo, nos sentimos muy seguros de que es la misma persona con la que nos casamos, o que parimos y criamos. De hecho, hay toda una región del cerebro, la circunvolución fusiforme, que se especializa en recordar los rostros humanos, y en identificar y recordar qué persona es la *tuya*. Los neurocientíficos han determinado que ésa es la región cerebral en la que tiene lugar el pensamiento, porque las personas que sufren una apoplejía o un traumatismo en la cabeza que afectan a la circunvolución fusiforme, pierden la capacidad de reconocer rostros conocidos. Esta condición, la prosopagnosia, impide que reconozcan incluso a personas tan familiares como el marido o la esposa.

La idea de que el área cerebral fusiforme se dedica a reconocer rostros, o la hipótesis de la *especificidad facial,* ha sido muy debatida e investigada desde finales de los noventa. Una alternativa, la *hipótesis de la experiencia,* se origina en los experimentos realizados por la psicóloga Susan Carey y la neuróloga Rhea Diamond. La hipótesis de la experiencia sugiere que esta área del cerebro podría especializarse en reconocer cualquier ejemplo de una categoría, como, por ejemplo, un Mini Cooper o un Chevy del 57 como ejemplos de automóviles. Uno podría imaginar que, en el caso de los expertos como los aficionados a los coches o personas que llevan mucho tiempo ejerciendo de jueces en exhibiciones caninas, esta área del cerebro podría estar especialmente sintonizada con determinadas categorías. Estos expertos necesitarían realizar finas distinciones entre categorías de «automóviles» o «perros». La hipótesis de la experiencia sugiere que, aunque la circunvolución fusiforme se utiliza específicamente cuando observamos rostros, esto se debe a que todos los seres humanos somos expertos en rostros. Los humanos necesitamos reconocer a personas específicas en muchas situaciones distintas, bajo diferentes condiciones de iluminación y desde distintos ángulos, de la misma manera en que los jueces expertos en las exhibiciones caninas tienen que identificar animales específicos incluso dentro de una misma especie. El entrenamiento en rostros humanos, que hace que todos seamos expertos, ocurre incluso en la más temprana infancia, cuando la visión es mejor a una distancia de entre 20 y 30 centímetros, que nos permite enfocar a nuestros cuidadores cuando nos tienen en sus brazos. Nuestro mundo social nos exige que estemos continuamente estudiando rostros a lo largo de nuestro desarrollo y nuestra vida adulta. El debate de si la circunvolución fusiforme funciona para detectar únicamente rostros, o ejemplos específicos en cualquier categoría de objetos, aún no ha concluido.

Pero, aunque el debate no ha concluido, existen buenos motivos para pensar que esta área específica del cerebro está preparada desde el inicio para reconocer rostros. Parte de esa evidencia proviene del hecho de que las personas con traumatismos cerebrales en la circunvolución fusiforme (personas con prosopagnosia que son incapaces de identificar rostros) son capaces de distinguir objetos individuales en otras categorías. Por otro lado, las personas que tienen un traumatismo cerebral que no afecta a la circunvolución fusiforme no pueden identificar objetos debidamente, pero son capaces de identificar rostros. Por ejemplo, un paciente identificado como «CK» sufrió una lesión en la cabeza y se le hicieron pruebas para evaluar su capacidad de reconocer cosas.[34] CK tenía una colección de soldados de juguete y se quejaba de que ya no era capaz de distinguir un soldado asirio de un soldado griego o romano, y mucho menos identificar a soldados específicos dentro de un ejército. Pero, sin embargo, su detección de rostros humanos de amigos y familiares funcionaba a la perfección.

En nuestro primer estudio de la aflicción con neuroimágenes que describí en el capítulo 4, la circunvolución fusiforme se activaba cuando los participantes veían fotografías de su ser querido, cosa que no ocurría cuando veían fotos de un extraño. Presumiblemente, podemos realizar una investigación detenida del rostro de un ser querido que ha fallecido, y para hacerlo dependemos de esta área del cerebro. Resulta

---

34. M. Moscovitch, G. Winocur y M. Behrmann (1997), «What is special about face recognition? Nineteen experiments on a person with visual object agnosia and dyslexia but normal face recognition», *Journal of Cognitive Neuroscience* 9/5, pp. 555-604

significativo que las personas no utilizaran el área de la circunvolución fusiforme asociada al reconocimiento facial cuando veían las palabras que les recordaban al ser querido fallecido, lo cual también sugiere que esa área es específica para rostros y no para otros recordatorios de la persona.

Topillo marrón soltero busca pareja

Ya hemos establecido que el cerebro puede identificar *quiénes* son nuestros seres queridos. Por lo tanto, la siguiente pregunta es *¿Por qué* decidimos volver a ellos una y otra vez? Y ¿por qué nos duele tanto cuando no podemos hallarlos? En realidad, sabemos bastante acerca de la forma en que el cerebro impulsa el comportamiento de «buscar a mi pareja» gracias a unos singulares roedores llamados topillos. O, mejor dicho, a dos tipos de topillos distintos. Los topillos de la pradera viven en las llanuras de Norteamérica, mientras que los topillos montanos viven en zonas más elevadas de la parte occidental de Estados Unidos y Canadá. Lo que llamó la atención de los científicos sobre estas dos especies de mamíferos fue que los topillos de la pradera son monógamos, mientras que los topillos montanos son polígamos, a pesar de ser muy similares genéticamente. Aunque ya se ha escrito mucho en la prensa popular sobre los vínculos que establecen estos pequeños animalitos peludos, el trabajo científico realizado desde 2007 también ha observado qué ocurre cuando los topillos se enfrentan a la separación permanente de sus parejas.

En primer lugar, vamos a examinar los hábitos de apareamiento de los topillos de la pradera. En el caso del topillo de la pradera monógamo, un día conoce a otro topillo que está libre y, después de un día de apareamiento apasionado, se produce un cambio profundo en ambos. A partir de ese momento, ignoran a otros topillos, prefieren la compañía de su pareja, construyen un nido juntos y, más adelante, comparten roles equivalentes en el cuidado de sus crías. Éste es un vínculo de pareja para toda la vida. Los topillos suelen vivir sólo un año, aunque pueden llegar a vivir hasta tres años en cautividad. Los neurocientíficos Larry Young y Tom Insel (quien posteriormente se convirtió en el director del Instituto Nacional de Salud Mental de EE. UU.) tuvieron la corazonada de que este cambio permanente después del apareamiento estaba relacionado con dos hormonas que se liberan en el cerebro: la oxitocina y su prima cercana, la vasopresina. Para poder evaluar si estas hormonas eran fundamentales para el desarrollo neural del vínculo, bloquearon la oxitocina durante ese día inicial de apareamiento. Los topillos de la pradera se aparearon, pero no desarrollaron una preferencia mutua; en otras palabras, no desarrollaron un vínculo de pareja. En otra prueba, los investigadores juntaron a los topillos, pero no les permitieron aparearse. Si durante ese tiempo le daban oxitocina (a la hembra) y vasopresina (al macho), las parejas formaban un vínculo duradero a pesar de mantenerse vírgenes.

Los topillos montanos son mucho menos sociales en general que los topillos de la pradera, y no tienen preferencias de pareja a lo largo del tiempo. Aunque se les dieron las mismas hormonas, estos topillos polígamos no desarrollaron un vínculo de pareja. Aquí es donde entran las regiones del cerebro. Aunque ambos tipos de topillo tienen receptores para estas hormonas, los receptores se encuentran en partes ligeramente distintas del cerebro en cada especie. El topillo de la pradera, que es monógamo, tiene más receptores de oxitocina en una parte del cerebro llamada el núcleo accumbens, en comparación con el topillo montano. Más adelante en este capítulo veremos que la región del núcleo accumbens en el cerebro humano también es importante para formar vínculos.

Cerradura y llave

Las hormonas oxitocina y vasopresina tienen un papel importante en los mecanismos neurales que respaldan los vínculos de pareja. Estas sustancias químicas actúan como una llave en el mecanismo de «cerradura y llave» del cerebro, y los receptores para la oxitocina y la vasopresina están en la cerradura, o en el ojo de la cerradura. El número de receptores puede variar por muchas razones, difiriendo entre especies, entre individuos, y en respuesta a los eventos en la vida de cada uno. La oxitocina puede estar inundando el cerebro, pero si no hay suficientes receptores de oxitocina en los que puedan encajar las llaves de oxitocina, entonces esa inundación química no tendrá ningún impacto en las neuronas y en las conexiones entre ellas y, por lo tanto, no afectará a nuestros pensamientos, sentimientos y comportamientos.

Las sustancias químicas y los receptores son producidos por los genes. Los genes son el libro de cocina para saber cómo hacer todas las cosas en un cuerpo. Sin embargo, las enzimas impiden que algunas de las recetas sean preparadas en cualquier momento dado. Estas enzimas participan en el proceso epigenético («epigenético» significa «cercano a los genes»). Las enzimas son como el envoltorio en un libro de cocina: lo mantienen parcialmente cerrado para que se puedan preparar menos recetas genéticas. Bajo ciertas circunstancias, este envoltorio es retirado. Ese conjunto de circunstancias, para los topillos de la pradera, es pasar tiempo y aparearse con el elegido por primera vez. Tener relaciones sexuales libera hormonas, bañando el cerebro con oxitocina y vasopresina. Los envoltorios de enzimas que envuelven el libro de cocina son retirados, de manera que se pueden crear más receptores de oxitocina, lo cual aumenta el número de cerraduras en las que las llaves de oxitocina pueden encajar. Todo esto tiene que ocurrir mientras el topillo está mirando, oliendo, tocando e interactuando con su nuevo amor, para que se creen nuevas conexiones neurales para la vista, el olfato y las sensaciones de este topillo muy concreto. (Estoy segura de que la tierra también se mueve y el tiempo se detiene para los topillos durante el sexo, pero eso es más difícil de medir).

A partir de algunos experimentos muy inteligentes, sabemos cómo funciona este vínculo.[35] Los investigadores colocaron una droga en el núcleo accumbens de los topillos de la pradera mientras éstos pasan tiempo juntos por primera vez, durante uno de los experimentos en los que no les permitieron tener relaciones sexuales. Esta droga liberó el envoltorio, de manera que la receta genética pudo ser «leída» para crear más receptores de oxitocina. Los receptores de oxitocina aumen-

35. H. Wang, F. Duclot, Y. Liu, Z. Wang y M. Kabbaj (2013), «Histone deacetylase inhibitors facilitate partner preference formation in female prairie voles», *Nature Neuroscience*, http://dx.doi.org/10.1038/nn .3420

taron, igual que cuando los topillos tenían sexo en su primera cita, y los topillos formaron vínculos de pareja. La combinación de que el topillo estuviera presente y de que su cerebro fuera bañado por la oxitocina aumentando el número de receptores, hace que formen vínculos de pareja. Los dos miembros de la pareja tienen que estar presentes en ese momento para que el recuerdo y el conocimiento de ese topillo en particular quede grabado en el cerebro y en la epigenética.

Una vez que el envoltorio ha sido retirado del libro de cocina, normalmente se mantiene así, de manera que los cambios que apoyan al vínculo permanecen. Éste es un cambio epigenético permanente. Las experiencias importantes, como tener sexo por primera vez con un compañero o compañera, puede cambiar el hecho de que *utilicemos* determinados genes (siguiendo con nuestra metáfora, esto sería equivalente a hacer las recetas). Si el envoltorio permanece en el libro de cocina, no se crean tantos receptores de oxitocina, a pesar de que el gen siempre estuvo ahí. El apareamiento puede cambiar otros comportamientos, como querer construir un nido en determinado barrio y llevar los dos juntos a vuestros hijos topillo a la escuela. Este cambio epigenético permanente es lo que nos motiva a regresar a esa pareja específica una y otra vez, reconociéndola como la única persona para nosotros. Una vez que estamos con esa persona, el núcleo accumbens tiene otras sustancias químicas que despliega al servicio de nuestros vínculos, incluyendo dopamina y opioides, que hacen que nos sintamos bien juntos. No sólo los reconocemos cuando regresamos, sino que además nos sentimos bien al volver a ellos una y otra vez.

Encontrémonos en Nueva York

En 2015, fui invitada a asistir a un taller en la Universidad de Columbia en la ciudad de Nueva York. La neurocientífica Zoe Donaldson, que actualmente trabaja en la Universidad de Colorado, Boulder, reunió a un pequeño grupo de investigadores que estábamos trabajando en la neurobiología de la aflicción desde diferentes perspectivas. Donaldson y un par de investigadores estudiaban a los topillos, y había un par que éramos neurocientíficos clínicos. Cada uno de nosotros presentó su trabajo, tratando de explicar sus hallazgos a las distintas disciplinas. Esa noche comimos sushi juntas en Manhattan, continuando nuestra estimulante conversación. Nos preguntábamos si podríamos medir la aflicción en un roedor. Donaldson lo expresó de esta manera: ¿cómo medimos cómo se siente un animal por la ausencia de algo? Esa pregunta ha continuado impulsando a nuestro pequeño grupo de neurocientíficos a buscar los aspectos importantes de la adaptación a la pérdida en los animales y en los humanos, desde la perspectiva del cerebro.

Uno de los investigadores que conocí en Nueva York fue Oliver Bosch, un neurocientífico de la Universidad de Regensburg en Alemania. Él ha realizado un trabajo pionero, observando lo que le ocurre al topillo que ha creado un vínculo de pareja cuando es separado de ella. Además, sus elegantes estudios proporcionan más detalles mecánicos acerca de los sistemas cerebrales que cambian cuando esto ocurre.

Como señala Bosch, para muchos mamíferos sociales, desde los humanos hasta los chimpancés y los topillos, estar aislados es estresante. Por encima del aislamiento social general, cuando uno separa a los animales, incluidos los humanos, de otros miembros de su especie con los que tienen una relación muy cercana, tiene lugar una respuesta de estrés particular. Al ser separados de su pareja, los topillos producen más de una hormona que es muy similar al cortisol humano, una hormona de estrés. El topillo que es separado también produce más cantidad de la hormona en el cerebro que estimula la liberación del cortisol de los roedores, la hormona liberadora de corticotropina (CRH). Esta separación empeora por el hecho de que normalmente su pareja cuidaría de ellos cuando regresaran a casa por la noche después de un día estresante. Normalmente, tras una situación estresante, cuando los topillos regresan a su nido, su pareja hembra o macho los consuelan lamiéndolos y cuidando de ellos. He oído a personas en duelo describir esto a su propia manera, diciendo que el intenso estrés del duelo es especialmente horrible porque tienen que enfrentarse a él sin la persona a la que normalmente recurrirían en momentos difíciles.

Tuve la suerte de visitar a Bosch en la Universidad de Regensburg, donde me contó una ampliación fascinante de la historia de los topillos. Lo que encuentro especialmente interesante es que, una vez que los topillos han formado un vínculo de pareja, su sistema cerebral se prepara y está listo para producir la hormona CRH si su pareja desaparece. De esa forma, el cortisol puede ser liberado rápidamente cuando se pierden el rastro mutuamente, motivando al topillo a buscar a su pareja para poder reducir el estrés resultante. Bosch describe esto como amartillar una pistola cuando se crea el vínculo, y luego la separación tira del gatillo. Me dijo que este aumento de CRH en el cerebro de los roedores durante la separación también evita que las cerraduras y llaves de oxitocina funcionen correctamente en el cerebro. Normalmente, cuando la parejita de topillos se reúne y la oxitocina entra en acción, las hormonas del estrés vuelven a la normalidad. Durante el duelo, el estrés fisiológico continúa sin la aportación del otro miembro de la pareja.

Soportar la aflicción

Ciertamente, con un kilo adicional de cerebro, los humanos tienen un sistema para establecer vínculos que es significativamente más complejo que el de los topillos. En las personas, unos mecanismos primarios similares probablemente están funcionando en segundo plano, pero son regulados y remodelados considerablemente por nuestro neocórtex grande y evolucionado. Para la mayoría de la gente, cuando estamos con nuestros seres queridos, nos sentimos principalmente a salvo y cómodos con la recompensa de las sustancias químicas que se liberan en determinadas áreas del cerebro cuando entramos en contacto con nuestra pareja específica, a la cual reconocemos.

Nuestra necesidad de estar con las personas que amamos, nuestras necesidades de apego, son tan básicas que las personas que están aisladas socialmente tienen un mayor riesgo de muerte prematura.[36] La mayoría de nosotros puede aprender a satisfacer sus necesidades de

36. J. Holt-Lunstad, T. B. Smith, y J. B. Layton (2010), «Social relationships and mortality risk: A meta-analytic review», *PLoS Medicine* 7(7): e1000316, doi:10.1371/ journal. pmed.1000316.

apego de una forma nueva o distinta. Esto ocurre mediante el fortalecimiento de los vínculos que tenemos con otros seres humanos, desarrollando nuevas relaciones y transformando el vínculo que tenemos con la persona fallecida. Estos vínculos transformados y continuos nos permiten tener acceso a ella al menos a través del mundo virtual de nuestra mente. Las personas que más preocupan a los psicólogos clínicos son las que conforman el grupo que parece no ser capaz de rehacer su vida después de la pérdida, aquellas que tienen un duelo complicado. En mi trabajo científico, yo quería entender si esos dos grupos, los que tienen una trayectoria de resiliencia y los que tienen un duelo complicado, respondía de maneras distintas a las cosas que les recordaban al ser querido fallecido, y qué era lo que podría estar impidiendo a las personas con un duelo complicado que participaran de una forma más plena en sus propias vidas.

En mi segundo estudio de la aflicción con neuroimágenes, los neurocientíficos sociales Matthew Lieberman, Naomi Eisenberger y yo utilizamos la misma tarea de mirar fotografías y palabras relacionadas con el duelo como lo había hecho yo en mi primer estudio. Cuando observamos a todos los participantes como grupo, independientemente de cómo se estaban adaptando a sus circunstancias, vimos una replicación general del primer estudio. Se activaron muchas de las mismas áreas del cerebro en respuesta a las fotos y las palabras sobre el ser querido fallecido, como la ínsula y la corteza cingulada anterior, las cuales se encuentran en el centro del cerebro. Como dije antes, a menudo estas dos regiones se activan juntas, cuando una experiencia es dolorosa, cuando el dolor es tanto físico como emocional. Probablemente sería más exacto decir que se activan porque las punzadas de aflicción son muy notorias o evidentes, y que su preponderancia activa esas regiones, pero es útil pensar en el dolor en relación con el duelo, y muchas personas perciben y describen el duelo como «doloroso».

Antes de explicar la diferencia en la activación neural entre los grupos con duelo complicado y con duelo resiliente en el estudio, quisiera comentar algunas cosas más que la neurociencia nos dice acerca del dolor. Recuerda que parte del dolor físico es sensación, y tenemos lo que se podría llamar la parte sufridora del dolor físico, las alarmas que se disparan cuando sentimos dolor. Estas alarmas son la manera que tiene el cerebro de captar nuestra atención: «¡Eh, esto es importante! ¡Deja de tocar eso! ¡Vas a provocar un daño tisular grave!». Puedes considerar esto como la «relevancia» del dolor, y la ínsula y la cingulada anterior participan en el envío de estos mensajes. Las interacciones sociales también pueden ser dolorosas, como, por ejemplo, ser rechazado por alguien o ser discriminado. Aunque ahora sabemos que el dolor emocional no está codificado en las mismas neuronas que el dolor físico, las áreas que codifican la preponderancia (en el sentido de que es importante, que es malo y que es serio) del dolor tanto físico como emocional están muy cerca unas de otras, y permiten que ambas experiencias incluyan el sufrimiento.

Uno no es igual al otro

Cuando observamos a todos los participantes en conjunto en este segundo estudio de la aflicción con neuroimágenes, vimos que todos los que estaban pasando por un duelo tenían activadas las regiones del cerebro relacionadas con la preponderancia, o las alarmas, de la aflicción. También observamos las diferencias entre la activación cerebral en el grupo resiliente que se adaptaba de una forma típica en comparación con el grupo que tenía un duelo complicado. Para poder atribuir cualquier diferencia grupal a la aflicción, nos aseguramos de que los dos grupos fueran similares en otros aspectos. Los grupos eran, en promedio, de la misma edad, y la misma cantidad de tiempo había transcurrido desde la muerte del ser querido. Las personas en los dos grupos eran todas mujeres y todas habían perdido a una madre o a una hermana por un cáncer de mama. Otra similitud entre las participantes del estudio fue que sus seres queridos no habían muerto repentinamente, sino después de haber pasado varios meses enfermos y en tratamiento.

En ese estudio con neuroimágenes conocí a algunas personas increíbles. Recuerdo vívidamente a una mujer de mediana edad que había perdido a su hermana debido a un cáncer de mama. Las dos eran peluqueras y trabajaban una junto a la otra en una peluquería. Vivían cerca la una de la otra e incluso iban de vacaciones juntas. Aunque la hermana que participó en el estudio estaba casada y tenía hijos, su hermana mayor era la persona a la que se sentía más unida en el mundo. Su muerte la dejó destrozada y se sentía perdida sin la interacción diaria con esa persona que había estado en su vida desde que nació. Había atesorado la relación que tenían y sabía que era muy afortunada. No había forma de que pudiera conocer ahora, en el presente o en el futuro, a alguien con quien pudiera compartir esa historia. Nadie conocería jamás cada día de su vida como lo había hecho su hermana. Ella sentía que esa pérdida había menoscabado tanto su vida, que ya no tenía sentido. Esta mujer estaba experimentando un duelo complicado.

Había una región del cerebro que diferenciaba el duelo complicado de los grupos resilientes; era el núcleo accumbens,[37] la misma región cerebral que es importante para desarrollar los vínculos de pareja en los topillos. El núcleo accumbens es parte de una red muy conocida por su rol en otros procesos de recompensa (lo explicaré en más detalle a continuación), incluyendo responder a imágenes de chocolate en el caso de las personas que tienen antojos de ese dulce. El grupo con un duelo complicado mostró una mayor activación en esa región que el grupo más resiliente. Durante una entrevista previa al escaneo del cerebro, les pedimos a las participantes que evaluaran, en una escala del 1 al 4, cuánto habían estado añorando a su ser querido últimamente. Entre todas las participantes en el estudio, cuanto mayor era el nivel de añoranza que indicaban, mayor era el nivel de activación del núcleo accumbens. Descubrimos que la cantidad de tiempo que había transcurrido desde la muerte del ser querido y la edad de la participante no estaban relacionadas con la activación del núcleo accumbens. Incluso la cantidad de emociones positivas y negativas que las participantes estaban experimentando no estaba relacionada con la activación del accumbens. Solamente la añoranza (el sentimiento de anhelar o desear estar con esa persona) estaba relacionada con esa lectura neural del núcleo accumbens.

---

37. M. F. O'Connor, D. K. Wellisch, A. L. Stanton, N. I. Eisenberger, M. R. Irwin y M. D. Lieberman (2008), «Craving love? Complicated grief activates brain's reward center», *NeuroImage* 42, pp. 969-972.

Parecía muy extraño que el grupo que no se estaba adaptando tan bien (el grupo que tenía un duelo complicado) tuviera una mayor activación en la red responsable de la recompensa. Quiero aclarar que el término *recompensa,* de la forma en que lo utilizan los neurocientíficos, no es sólo algo placentero. La recompensa es la codificación que significa, sí, queremos eso, hagámoslo otra vez, veámoslos otra vez. Varios estudios con neuroimágenes en humanos han mostrado la activación del núcleo accumbens cuando los participantes veían fotografías de su pareja sentimental (viva) o imágenes de sus hijos. La peluquera hubiera mostrado una activación en el núcleo accumbens al mirar una foto de su hermana cuando todavía estaba viva. Entonces, ¿por qué es esta activación mayor en el grupo que tiene un duelo complicado? Nosotros interpretamos que la activación de la recompensa en aquellas personas que están experimentando un duelo complicado en respuesta a las cosas que les recuerdan a su ser querido fallecido ocurren porque ellas continúan anhelando verlo, como lo hacemos con nuestros seres queridos que están vivos. Parece ser que quienes tienen un duelo más resiliente ya no predicen que ese desenlace gratificante es posible.

Quiero ser muy clara aquí, porque ansiar algo implica que hay una adicción, y las adicciones son distintas a lo que estoy sugiriendo que ocurre cuando hay un duelo complicado. Otros investigadores han sugerido que podríamos ser «adictos» a nuestros seres queridos y, según mi experiencia, ésa es una descripción estigmatizante para las personas que están sufriendo por una pérdida. Además, no es exacto. Pensemos en otras necesidades humanas, como el alimento y el agua. Podríamos describir el hambre y la sed como estados motivacionales que nos hacen buscar comida y agua, pero jamás diríamos que alguien es adicto al agua. Diríamos que esa persona necesita desesperadamente agua. La sed es una motivación normal que el cerebro ha desarrollado para satisfacer esa necesidad básica. El apego a nuestros seres queridos también se caracteriza por el estado motivacional normal de la añoranza. Lo que estoy diciendo es que la añoranza se asemeja mucho al hambre o la sed.

Hay soluciones intermedias entre la necesidad de tener un grupo de participantes muy similares y el deseo de poder aplicar los resultados a la población en su totalidad. Las participantes en nuestro segundo estudio de la aflicción con neuroimágenes eran todas mujeres, de mediana edad y principalmente blancas. La mayoría de las personas que están en duelo en Estados Unidos no son así, y mucho menos en el resto del mundo. Pero la crítica más significativa a mi propio estudio es que los escaneos con neuroimágenes tuvieron lugar en un solo día en toda una trayectoria de días para esas personas en duelo. Para interpretar el estudio nos basamos en la inferencia de cómo un escaneo encaja en los días anteriores, pero no podemos saber si esa inferencia es correcta si los escaneos no se hicieron varias veces a lo largo de la trayectoria de la adaptación durante el duelo.

La inferencia funciona de esta manera: sabemos, por estudios anteriores con imágenes, que el núcleo accumbens se activa en respuesta a los seres queridos que están vivos, como, por ejemplo, tu pareja sentimental o tus hijos. Nos imaginamos que esto se aplicaría también a las personas de nuestro estudio, en la época anterior a que las conociéramos, cuando sus seres queridos estaban vivos. En nuestro estudio sobre la aflicción, aquellas personas que se estaban adaptando bien habían dejado de tener activación en la región del núcleo accumbens, y aquéllas con un duelo complicado continuaron mostrando que el núcleo accumbens respondía a esas fotos. La inferencia yace en las palabras «habían dejado» y «continuaron». Continuar implica un período de tiempo, pero lo que tenemos es en realidad una instantánea de un único momento en el tiempo en distintos estudios con diferentes participantes. La idea de que la activación en el núcleo accumbens cambia a lo largo del duelo es una inferencia lógica, la cual encaja con los datos y las teorías que actualmente entendemos acerca del duelo, pero no es algo que se haya probado empíricamente.

Dado que nuestra comprensión de la neurobiología de la aflicción está en sus inicios, las oportunidades para la especulación son muchas. En la aflicción aguda, el cerebro nos permite aprender acerca de nuestras nuevas circunstancias, hacer predicciones más precisas acerca de nuestro mundo, aunque con respuestas emocionales dolorosas a las cosas que nos recuerdan a la persona fallecida. Quizás el cerebro pueda ayudarnos a entender también el duelo crónico; quizás haya variaciones naturales en los sistemas neurales que normalmente apoyan la adaptación al duelo. Si el sistema de la oxitocina está involucrado, quizás las personas con un duelo complicado tengan más receptores de oxitocina, o sus receptores de oxitocina estén concentrados en otras regiones del cerebro. Es posible que esto cree vínculos muy fuertes con los seres queridos que están vivos, lo cual es bueno, pero cuando las circunstancias del duelo requieren que nos adaptemos a la vida sin la persona fallecida, quizás los mismos mecanismos ligados a la oxitocina hagan que nos resulte difícil concentrarnos en otras personas en nuestro entorno.

Una posibilidad interesante es que las variaciones genéticas en el receptor de oxitocina podrían poner a la gente en riesgo de desarrollar un duelo complicado. Algunos indicios de esta posibilidad incluyen la relación entre ciertas variaciones genéticas de la oxitocina y la ansiedad por separación en adultos, y varios estudios que muestran una conexión entre estas variantes genéticas y la depresión.[38] Sin embargo, antes de poder llegar a cualquier conclusión, es necesario realizar muchos más estudios con muchas más personas en esta área

Un sistema magnífico

La capacidad del cerebro de crear y mantener lazos es magnífica. Ciertas hormonas son liberadas durante actividades específicas como tener relaciones sexuales, o dar a luz, o amamantar. Dado que esas hormonas inundan el cerebro, y los receptores se encuentran ahí, después de estas experiencias, las neuronas de determinadas regiones cerebrales crean conexiones neurales más fuertes y hacen mejor su función mental especializada. Esto se denomina permisividad, porque las hormonas liberadas durante el evento dan a las neuronas «permiso» para crear neuronas más gruesas o con más brotes, o construir más receptores. La oxitocina en el núcleo accumbens permite establecer vínculos de ape-

38. B. Costa, S. Pini, P. Gabelloni, M. Abelli, L. Lari, A. Cardini, M. Muti, C. Gesi, S. Landi, S. Galderisi, A. Mucci, A. Lucacchini, G. B. Cassano y C. Martini (2009), «Oxytocin receptor polymorphisms and adult attachment style in patients with depression», *Psychoneuroendocrinology* 34/10 (nov.), pp. 1506-1514, doi: 10.1016/j.psyneuen.2009.05.006.

go más fuertes, lo cual te motiva a buscar a esa persona y no salir a buscar otras. La oxitocina en la amígdala permite un mejor reconocimiento de otras personas y un mejor control de la ansiedad. La oxitocina en el hipocampo permite una memoria espacial más duradera, al menos en los ratones, probablemente para permitir a las madres hacer un seguimiento de sus hijos errantes.[39] Esa persona de la que te has enamorado, tanto si es tu pareja como si es tu bebé, ha abierto nuevas vías en tu cerebro. Quiero dejar claro que no son sólo las hormonas las que hacen esto. Si se descargaran hormonas en el cerebro cuando estás a solas en una habitación, no se podrán establecer lazos. Sólo nos enamoramos cuando estas experiencias que nos cambian la vida nos ocurren *mientras estamos interactuando con la otra persona;* codificamos profundamente y recordamos su apariencia, su olor, cómo nos hace sentir, y hace que anhelemos encontrarla, una y otra vez.

Esta codificación profunda de nuestros seres queridos en el cerebro es muy poderosa. Tiene un efecto poderoso en nuestra conducta y motivación y en la forma en que nos sentimos. Codificar a alguien significa que añorar a esa persona es inevitable cuando nos separamos de ella. Nuestro cerebro está haciendo todo lo posible para mantenernos unidos a las personas que amamos. Estas poderosas herramientas incluyen las hormonas, las conexiones neurales y la genética, las cuales incluso pueden en ocasiones anular el conocimiento dolorosamente obvio de que el ser querido ya no está vivo. La magnificencia del cerebro me hizo sentir una gran empatía por lo que las personas que están pasando por un duelo tienen que superar para crearse una vida cuando sus seres queridos ya no van a regresar. Su adaptación requiere el apoyo de sus amigos y familiares, el paso del tiempo y una considerable valentía para superar lo que una parte del cerebro puede pensar que es mejor para nosotros. Afortunadamente, hay otras partes del cerebro que animales como los topillos no tienen. Podemos usar esas partes del cerebro para ayudarnos a pasar por las emociones abrumadoras durante el duelo, y ése es el tema en el que vamos a centrarnos a continuación.

---

39. Falta texto de la nota.

CAPÍTULO 7

Tener la sabiduría
para conocer la diferencia

Tras descubrir lo importante que es la añoranza desde la perspectiva del cerebro, me fui interesando cada vez más en averiguar qué es exactamente la añoranza. Me dispuse a estudiarla sistemáticamente y, para hacerlo, desarrollé una escala de autoinforme con una serie de preguntas para distinguir diferentes aspectos de la añoranza. Al igual que muchas personas, sentía curiosidad por saber si la añoranza tras la muerte de un ser querido era igual a la añoranza después de una ruptura sentimental o cuando uno echa de menos su hogar. La psicóloga Tamara Sussman y yo la llamamos la escala de añoranza en situaciones de pérdida (ASP) y formulamos los ítems de manera que pudieran ser utilizados en las tres situaciones.[40] Por ejemplo, una de las afirmaciones es, «Siento que las cosas solían ser perfectas antes de perder a _____». Esa redacción aparece en la versión de la escala para las personas que están en duelo y cada persona tiene que completar el espacio en blanco con el nombre de su ser querido. En el

---

40. M. F. O'Connor y T. Sussman (2014), «Developing the Yearning in Situations of Loss scale: Convergent and discriminant validity for bereavement, romantic breakup and homesickness», *Death Studies* 38, pp. 450-458, doi: 10.1080/07481187.2013.782928.

caso de una ruptura sentimental, la afirmación está redactada así: «Siento que las cosas solían ser perfectas antes de que _____ _____ y yo rompiéramos». Para las personas que echan de menos su hogar, la frase equivalente es, «Siento que las cosas solían ser perfectas cuando vivía en _____».

Aprendimos muchísimo de ese proyecto. Al menos entre los adultos jóvenes, el nivel de depresión que experimentaban contribuía a su añoranza, estadísticamente hablando. Pero había una asociación menor entre la añoranza y la depresión, que entre la añoranza y la aflicción, en el caso del grupo que estaba en duelo. Asimismo, había una menor asociación entre la añoranza y la nostalgia (en el caso del grupo que se había ido a vivir lejos de casa), o entre la añoranza y la queja por una ruptura sentimental (en el caso del grupo de personas que la habían experimentado) que entre la añoranza y la depresión. Esto me recordó que, aunque hay características comunes entre la depresión y la aflicción, no son iguales. En primer lugar, las personas con depresión no están pensando en, o añorando, una persona o cosa específica. La depresión es una experiencia más global, un sentimiento de desesperanza e impotencia que se adhiere a todo lo que está ocurriendo, o ha ocurrido alguna vez, o va a ocurrir.

Después de que se publicara la escala de la añoranza, el psicólogo de Harvard Don Robinaugh evaluó la añoranza con la escala ASP en una muestra clínica mucho más grande de adultos en duelo que buscaban tratamiento.[41] También en su estudio, la añoranza estaba más cercanamente asociada al trastorno de duelo prolongado que a la depresión. El nivel de añoranza no variaba según el género, la raza o la causa de muerte, aunque las personas que habían perdido a su pareja o a un hijo exhibían una añoranza mayor que otros tipos de pérdidas de personas allegadas. La añoranza era un tanto menor cuando había transcurrido un mayor lapso de tiempo desde la pérdida, lo cual sugie-

41. D. J. Robinaugh, C. Mauro, E. Bui, L. Stone, R. Shah, Y. Wang, N. A. Skritskaya, C. F. Reynolds, S. Zisook, M. F. O'Connor, K. Shear y N. M. Simon (2016), «Yearning and its measurement in complicated grief», *Journal of Loss and Trauma* 21/5, pp. 410-420, doi: 10.1080/15325024.2015.1110447.

re que incluso en el caso de las personas que buscan una terapia, la añoranza puede disminuir con el paso del tiempo. Con descripciones específicas de los matices de cómo se estaban sintiendo las personas, ahora teníamos una mayor comprensión de lo que significa añorar a un ser querido.

Entonces, súbitamente, de la nada...

Robinaugh también señaló que la añoranza se refiere a sentimientos y pensamientos, y nuestra experiencia sentida suele ser una mezcla de ambas cosas. Dado que la añoranza es muy dolorosa, me pregunté por qué es tan insistente y por qué seguimos pensando tanto en el ser querido fallecido. Quiero contarte lo que los científicos han aprendido acerca de esos pensamientos de añoranza y luego volveremos al sentimiento de añoranza.

Los pensamientos que experimentamos durante la añoranza tienen una cualidad específica. Te pondré un ejemplo de mi propia experiencia. Un domingo por la tarde, había terminado de hacer las compras en el supermercado y estaba mirando el interior de mi nevera, considerando qué podía preparar... y, de repente, pude ver a mi padre en su cocina, planeando una de sus famosas cenas, con invitaciones para otros viudos del pueblo y la promesa de un pollo asado y mucho puré de patatas. En otra ocasión, levanté el teléfono y lo llamé para contarle algo... y entonces me di cuenta de que no podía tener esa conversación con él y que él no podía prestarme atención de una forma amorosa y absoluta como solía hacerlo.

Una y otra vez, nuestro ser querido que ha fallecido aparece de forma súbita en nuestra mente. Nos encontramos en medio de un pensamiento y entonces nos vienen a la mente, y eso hace que los añoremos. A veces ni siquiera sabemos qué nos ocurre. De hecho, primero podemos ser conscientes de un sentimiento de aflicción, sin tener una idea clara de de dónde vino. El psiquiatra Mardi Horowitz los llamó *pensamientos intrusivos* y describió su aparición en una variedad de síndromes de respuesta al estrés, como después de la muerte de un ser querido u otro hecho traumático. Explicó que los pensamientos intrusivos son comunes y disruptivos en las primeras semanas y los primeros meses después del evento. Parte de lo que es tan desconcertante acerca de ellos es que parecen ser involuntarios. Estos intrusos toman el control sin anunciarse, robándonos los momentos en los que no estamos haciendo nada en particular, cuando nuestra mente está divagando. Aunque es tranquilizador saber que los pensamientos intrusivos son normales, y que casi siempre disminuyen con el tiempo, nuevos estudios empíricos han desafiado algunas de las cosas que dábamos por sentadas acerca de ellos.

Los pensamientos intrusivos son recuerdos de eventos personales y personas que nos vienen a la mente de una forma repentina y espontánea, sin que tengamos intención de recordarlos. Recordar la pérdida nos recuerda cuánto echamos de menos a esa persona, lo cual hace que aparezcan sentimientos de angustia o aflicción. Pero ¿los pensamientos intrusivos son más frecuentes que otros tipos de pensamientos, o sólo nos lo parece?

En el caso de mi duelo por mi padre, puedo recordar momentos en los que elegía traerlo a mi mente. En las semanas y los meses después de su muerte, a menudo llamaba a mi hermana y a los maravillosos amigos que nos ayudaron a cuidar de él. Recordábamos cosas que él había dicho o hecho hacia el final de su vida. En una ocasión, cuando estaban llevando su cama de una habitación del hospital a otra, la enfermera que la estaba empujando no vio una pequeña papelera que se encontraba en el pasillo y chocó contra ella. Mi padre levantó la mirada y dijo de una forma traviesa, «¡Ay, mujeres conductoras!». Creo que contamos esta historia cien veces en los primeros meses después de su muerte. Este recuerdo de su constante buen humor al enfrentarse a las dificultades todavía provoca una sonrisa en mi rostro y una punzada en mi corazón.

El hecho de que a menudo pasara tiempo pensando en recuerdos como ése después de su muerte hace que cuestione las creencias de los psicólogos acerca de los pensamientos intrusivos, porque, como ya dije, en este caso era yo quien elegía recordar el evento. La psicóloga danesa Dorthe Berntsen preguntó a personas que habían experimentado un evento estresante recientemente en sus vidas acerca de sus pensamientos cuando soñaban despiertas o dejaban a sus mentes divagar.

Descubrió que tenían recuerdos voluntarios, como el que yo tenía de mi padre siendo cambiado de habitación en el hospital, con la misma frecuencia con que tenían recuerdos involuntarios, como el que yo tuve de mi padre cocinando en su casa, que llegó a mi mente de forma espontánea.[42] Aunque los recuerdos involuntarios son más perturbadores, en realidad no son más frecuentes que los voluntarios. Tener ambos tipos de recuerdos es más común después de un episodio estresante en la vida que cuando todo va sobre ruedas. Los involuntarios nos parecen más frecuentes porque nos molestan más, probablemente porque no estamos preparados para las emociones que despiertan en nosotros. Entonces, aunque contar la historia del humor de mi padre despertaba sentimientos intensos en mí, no me afectaba tanto porque era yo quien elegía hablar del tema y, por lo tanto, estaba preparada para el impacto emocional.

La distinción entre recuerdos voluntarios y recuerdos involuntarios nos conduce a una diferencia clave entre el cerebro humano y el cerebro de los animales, como, por ejemplo, el de los topillos. Los humanos tenemos novecientos gramos adicionales de corteza cerebral, pero lo más importante es que la mayor parte está ubicada en los lóbulos frontales, entre nuestra frente y nuestras sienes. La parte frontal del cerebro está desarrollada de una forma única en los humanos y tiene muchas funciones, incluyendo ayudarnos a regular nuestras emociones.

Recuerda que cuando recuperamos un recuerdo, es como preparar un pastel con muchos ingredientes distintos ubicados en múltiples regiones cerebrales. Estamos usando áreas del cerebro como el hipocampo y las áreas cercanas que almacenan asociaciones con un recuerdo en particular. El cerebro también accede a áreas visuales o auditivas para añadir realismo a nuestros pensamientos, dándonos la impresión de que estamos viendo u oyendo lo que estamos imaginando. Estas áreas del cerebro se utilizan cuando tenemos un recuerdo voluntario o involuntario. Para examinar las diferencias entre estos dos tipos de recuer-

---

42. D. C. Rubin, M. F. Dennis y J. C. Beckham (2011), «Autobiographical memory for stressful events: The role of autobiographical memory in posttraumatic stress disorder», *Consciousness and Cognition* 20, pp. 840-856.

dos, Berntsen las comparó detenidamente en las personas que se sometían a un escaneo IRMf. El área que se utilizaba de una forma única durante la recuperación voluntaria y controlada, en comparación con los recuerdos involuntarios, se encontraba en la parte exterior de los lóbulos frontales más cerca de nuestro cráneo, la corteza prefrontal dorsolateral.[43]

La capacidad de traer algo a la mente de forma intencionada es una habilidad humana. Requiere lo que los neuropsicólogos llaman «funciones ejecutivas», como un gerente que organiza y dirige a las otras partes del cerebro para que realicen tareas. En muchos sentidos, el cerebro está generando recuerdos de la misma manera tanto si son intencionados como si son intrusivos. La diferencia está en que, en el caso de los intencionados, nuestro control ejecutivo de los lóbulos frontales participa para ordenarlos que los recordemos.

Recuerda por un momento tu graduación de la universidad, o el nacimiento de tu primer hijo o hija, o el día de tu boda. Probablemente pensaste en estos eventos espontáneamente en las semanas, los meses, e incluso los años siguientes, incluso cuando no tenías intención de pensar en ellos. Esos recuerdos maravillosos probablemente aparecían en tu mente incluso cuando estabas haciendo algo mundano, o cuando veías algo que te recordaba ese día. Los pensamientos intrusivos surgen por hechos extremadamente emocionales, incluyendo los que son positivos, pues no están reservados para los eventos extremadamente negativos. Pero dado que los recuerdos intrusivos de eventos negativos nos afectan, nos preocupa lo que esos pensamientos no deseados puedan decir sobre nuestra salud mental. En la mayoría de los casos, y especialmente en la aflicción aguda, los pensamientos intrusivos son simplemente algo que el cerebro hace de una forma natural para aprender de esos eventos importantes y emocionales.

Cuando lo vemos desde la perspectiva del cerebro, nuestro cerebro está accediendo a nuestros pensamientos de nuestra pérdida una y otra

---

43. S. A. Hall, D. C. Rubin, A. Miles, S. W. Davis, E. A. Wing, R. Cabeza y D. Berntsen (2014), «The neural basis of involuntary episodic memories», *Journal of Cognitive Neuroscience* 26, pp. 2385-2399, doi: 10.1162 /jocn_a_00633.

vez. Y hace lo mismo con los eventos positivos importantes. Aun así, es desagradable que te cojan desprevenido y que tus pensamientos y sentimientos se conviertan en aflicción. Pero tu cerebro está haciendo que surjan con la finalidad de tratar de comprender lo que ha ocurrido, de la misma manera en que puedes compartir recuerdos e historias con amigos para hablar de ellos y tener una comprensión más profunda. Cuando piensas de esta manera en los pensamientos intrusivos, te parece más normal que ocurran: tu cerebro está haciendo eso por una razón. Así, te parecerán más funcionales y menos como una señal de que no estás manejando bien tu aflicción.

Acordarnos de no dejar al bebé dentro del automóvil

Los recuerdos involuntarios ocurren todo el tiempo. Ocurren más si recientemente has experimentado un trauma, pero pueden aparecer en cualquier momento. Normalmente, el cerebro interfiere con recuerdos específicos, o incluso conjeturas sobre el futuro, sin tu permiso intencionado.

En el día de hoy, ¿con cuánta frecuencia has pensado en tu pareja o en tus hijos? En momentos aleatorios, ¿tus pensamientos van hacia el dinero que pretendías poner en la mochila de tu hija para su almuerzo? ¿Te acuerdas de enviarle un mensaje de texto a tu mujer para preguntarle cómo le fue en su reunión con su jefe? Nuestro cerebro está generando recordatorios continuamente. Es un órgano hecho para fabricar pensamientos de la misma manera en que el páncreas fabrica insulina. Estas notificaciones automáticas de nuestro cerebro se inmiscuyen en nuestra consciencia cada vez que nuestra mente divaga, y nos ayudan a recordar las cosas que son más importantes. Así es como nos acordamos, por ejemplo, de no dejar al bebé en el asiento del automóvil cuando realizamos tareas en piloto automático como ir a comprar al supermercado.

Pienso que, de la misma manera en que las cosas que nos hacen recordar a nuestros seres queridos surgen espontáneamente durante nuestra vida juntos, también continuarán irrumpiendo en nuestros pensamientos cuando ellos estén ausentes durante un período de tiempo. Sin embargo, durante el duelo, esos mismos recordatorios hacen que nos demos cuenta de que esas personas ya no están con nosotros, y esas punzadas de aflicción nos cogen desprevenidos cuando aparecen. Cuando nuestra mente divaga, continuamos recibiendo recordatorios del cerebro de que tenemos que llamar o enviar un mensaje de texto a nuestro ser querido, pero ahora esos recordatorios están en conflicto con la realidad. Ver estos pensamientos intrusivos desde la perspectiva del cerebro pueden hacer que sean menos inquietantes. Siempre has tenido pensamientos intrusivos acerca de tu pareja, tus hijos, o tu mejor amiga o amigo. El impacto emocional de ellos es distinto ahora que esa persona está muerta, pero la naturaleza de tener una relación es recordar a nuestros seres queridos. Recibimos recordatorios porque esas personas son importantes para nosotros. Eso no cambia inmediatamente porque la persona haya fallecido. Tu cerebro tiene que ponerse al día. Todavía está ejecutando su programación habitual de enviar notificaciones. No te estás volviendo loco; simplemente estás en el medio de una curva de aprendizaje.

Tienes opciones

Ahora, volvamos al *sentimiento* de añoranza. Imagina que eres una viuda joven, sentada en la mesa de desayuno, sola, bebiendo café al inicio del día cuando tus hijos ya se han ido al colegio y estás echando de menos las mañanas en que te sentabas ahí con tu marido, unas mañanas que nunca volverás a tener. Éste es un ejemplo típico de añoranza. En su nivel más básico, añorar es querer que la persona esté aquí otra vez, ahora. El cerebro está produciendo una representación mental, un pensamiento, de la persona que está ausente. Ese pensamiento produce un sentimiento de desear que la persona esté aquí. El pensamiento y el sentimiento juntos son los componentes de la añoranza y, juntos, forman un estado motivacional. Pero la motivación puede llevarnos a hacer una variedad de cosas distintas.

En respuesta a su añoranza, una posibilidad es que la joven viuda lance la taza de café hacia el otro extremo de la habitación, salga corriendo y jure que nunca volverá a sentarse a esa mesa. Éste sería un ejemplo bastante dramático de la evitación. La evitación puede ser conductual, en cuyo caso evitamos situaciones o cosas que nos recuerden al ser querido fallecido, o puede ser cognitiva, en cuyo caso tratamos de suprimir los pensamientos sobre esa persona, o nuestra aflicción, o una combinación de ambas cosas. Otra posibilidad es que dedique más tiempo a soñar despierta sobre su marido: el aspecto que tenía, cómo se habría reído y la forma en que solía sostener su taza de café. Esto puede resultar tranquilizador, imaginarlo ahí, mirándote. Quizás oigas lo que te diría ahora, viéndote ahí sentada, infeliz en tu aflicción. ¿Se acercaría por detrás de tu silla y te rodearía con sus brazos? ¿Te diría que te levantes y te pongas en movimiento, que el día no espera?

Una tercera posibilidad es que regreses en tu mente a la noche en que falleció, repasando todos los detalles como lo has hecho tantas veces, porque él se había estado quejando toda la tarde de un dolor en el pecho y, repentinamente, estaba pálido y sudoroso. ¿Por qué no consideraste que podía estar teniendo un infarto? ¿Por qué le creíste cuando te dijo que era solo acidez por la cena? ¿Por qué no insististe en llevarlo al hospital antes? ¿Por qué siguió fumando, incluso después de que el médico le dijera que eso aumentaría la probabilidad de tener una enfermedad cardíaca? ¿Por qué no te opusiste? Quizás, si hubieses sido más insistente, si hubieses actuado antes, él no habría muerto.

En el ejemplo de soñar despierta como respuesta a la añoranza, tu cerebro está orquestando una simulación experiencial, una realidad virtual de cómo podrían ser las cosas ahora, en contraste con cómo son en realidad, cuando estás sentada ahí sola. Al general los «y si…» en respuesta a la añoranza, tu cerebro está imaginando hechos que podrían haberse desarrollado de una forma muy distinta a como lo hicieron. La realidad alternativa con la que tu cerebro sueña vívidamente, en la que él no murió, sino que está aquí contigo, contrasta de forma desfavorable con el momento presente en la vida real. En la aflicción aguda, esas respuestas de «y si…» a las punzadas de dolor son comunes y completamente normales.

Ciertamente, hay muchas otras respuestas posibles, como llamar a una amiga o un amigo en esa mañana de soledad, o salir a correr para dejar de pensar. De hecho, el modelo del proceso dual aclara que un duelo saludable incluye muchas respuestas distintas, apropiadas en diferentes situaciones, en momentos distintos y para alcanzar diferentes objetivos. Si tienes que ir a trabajar, quizás lanzar la taza al otro extremo de la habitación para salir de tu ensoñación y de la casa no es lo peor que podría pasar. Ése sería un ejemplo de oscilar de un afrontamiento orientado a la pérdida, a la experiencia de la vida cotidiana. Llamar a una amiga para que te dé apoyo, y profundizar en una relación con alguna persona en la que confías y a quien le importas, podría representar una oscilación de un afrontamiento orientado a la pérdida, a un afrontamiento orientado a la recuperación. Esto reflejaría la mayor importancia que esa amiga tiene en tu vida ahora y en el futuro. Pensar en el día de la muerte de tu marido podría verse como un ejemplo de afrontamiento orientado a la pérdida, el cual permite que la realidad de lo que ocurrió ese día penetre más profundamente en sus bancos de conocimiento. Lo que es importante es el beneficio de tener muchas maneras de responder a la añoranza según la situación y avanzar hacia tus metas, tanto en ese momento como en la adaptación a largo plazo.

Flexibilidad

En un estudio sobre las expresiones faciales de las personas en duelo, los científicos descubrieron que la gente muestra una amplia gama de emociones cuando está hablando de su relación con su ser querido fallecido. Después de filmar las entrevistas con los participantes en duelo, los investigadores analizaron los movimientos de sus músculos faciales y hallaron miedo, tristeza, disgusto, desdén y enfado.[44] Las emociones positivas también fueron bastante habituales: un 60 por ciento expresó goce en algún momento, el cual incluyó las arrugas alrededor de los ojos que indican una sonrisa «auténtica» y un 55 por ciento expresó es-

---

44. G. A. Bonanno y D. Keltner (1997), «Facial expressions of emotion and the course of conjugal bereavement», *Journal of Abnormal Psychology* 106/1 (feb.), pp. 126-137, doi: 10.1037//0021-843x.106.1.126.

tar entretenido. Éstos fueron movimientos musculares faciales fugaces, de manera que la persona en duelo no registró necesariamente haber experimentado todos esos sentimientos en los cinco minutos en que la filmaron. Para evitar interpretaciones de las expresiones faciales basadas en las expectativas del observador, la persona que registraba los movimientos faciales no sabía que el participante estaba en duelo.

La frecuencia y la intensidad de los sentimientos de las personas suelen aumentar después de la pérdida de un ser querido, como si subiéramos el dial del volumen. No es infrecuente oír a la gente que está en duelo decir que nunca se habían sentido tan mal, o que no sabían que podían llegar a sentirse tan mal. Esa intensidad emocional nos obliga a lidiar con esas nuevas experiencias. Regular las propias emociones se convierte en una parte necesaria de la vida diaria. Los psicólogos, los amigos y la familia a menudo tienen fuertes opiniones acerca de cuál es la mejor manera de hacer frente a la situación. Enfrentarse a las propias emociones y entenderlas se ha considerado como una buena estrategia de afrontamiento. Por otro lado, reprimir sentimientos y evitar pensamientos que despierten emociones se ha considerado una mala forma de afrontamiento. Sin embargo, la investigación más reciente sugiere que el tema no es tan sencillo.

El predictor más fiable de una buena salud mental es tener varias estrategias para lidiar con las propias emociones e implementar la estrategia correcta en el momento adecuado. Tener una intensidad emocional tan alta en el período inicial del duelo puede resultar agotador. Existen buenas razones para ignorar nuestra aflicción por un tiempo, con la finalidad de darle un respiro al cerebro y al cuerpo, o incluso para darles un descanso a las personas de nuestro entorno que sienten el contagio emocional. La distracción y la negación tienen su utilidad. En lugar de preguntarnos cuáles son las mejores estrategias, una pregunta más apropiada podría ser si utilizar una determinada estrategia es contraproducente en un momento dado o en una situación específica.

A aquellas personas que sufren un duelo complicado puede resultarles más difícil moderar la expresión de sus sentimientos que a las personas que se están adaptando de una forma más resiliente. Moderación puede significar amplificar o atenuar nuestros sentimientos. Esto significa que puede resultarnos más difícil concentrarnos realmente en nuestros sentimientos para poder entender mejor lo que está ocurriendo o para calmarnos. En última instancia, esto nos llama a ser más flexibles. Cuando no hacemos frente a nuestros sentimientos con flexibilidad, es posible que empecemos a sentirnos insensibles o incapaces de describir nuestros sentimientos más auténticos, y estas modalidades dificultan nuestra capacidad de conectar con las personas de nuestro entorno: si te has insensibilizado o no eres capaz de expresar tu profunda tristeza, es menos probable que recibas el apoyo y el consuelo que necesitas.

Si nunca permitimos que los sentimientos de aflicción salgan a la superficie, y no podemos contemplarlos, o aceptarlos, o compartirlos, es posible que continúen atormentándonos. Cada persona es distinta y no hay ninguna regla que cada persona individual pueda utilizar para adaptarse durante el duelo. Pero la flexibilidad en nuestro enfoque y la apertura para lidiar con los sentimientos a medida que van surgiendo nos dan la mejor oportunidad para regular nuestras emociones de una forma que nos permita vivir una vida vibrante y llena de sentido.

El lado positivo de la vida

Supongamos que conoces a cuatro personas que han perdido a un ser querido. Una de ellas elige ir a una fiesta con amigos y otra decide quedarse en casa viendo una de sus películas favoritas. Una tercera persona pasa tiempo con la familia contando historias sobre el ser querido fallecido y una cuarta escribe un diario sobre su aflicción. ¿Cuál de estas cuatro personas te interesaría más conocer y cuál de ellas crees que se parece más a ti? ¿Cómo de apropiada crees que es cada una de esas actividades y cómo crees que se sentiría la persona en duelo después de realizarla?

Estas preguntas formaron parte del estudio realizado por Melissa Soenke, una psicóloga social de la Universidad Estatal de California, Islas Channel, y Jeff Greenberg, un psicólogo social de la Universidad de Arizona. Si te gustaron más las dos últimas personas y pensaste que las actividades que ellas eligieron eran más apropiadas y efectivas, eres como la mayoría de la gente que participó en el estudio. Las últimas dos actividades, que implican enfrentarse a las emociones negativas en respuesta a la muerte de un ser querido, suelen ser denominadas *trabajo de duelo*. En el mundo occidental, se consideran normalmente las formas más apropiadas y efectivas de afrontar la situación. Irónicamente, realizar actividades que habitualmente despiertan emociones positivas, como ir a una fiesta o ver alguna forma de entretenimiento, en realidad son más efectivas para reducir la tristeza y la aflicción.

«Deshacer» las emociones negativas con emociones positivas funciona porque las emociones positivas cambian los estados cognitivos y fisiológicos. Las emociones positivas amplían la atención de la gente, estimulan el pensamiento creativo y expanden las estrategias de afrontamiento. Los psicólogos Barbara Frederickson y Eric Garland describen esto como una espiral ascendente activada por los pensamientos positivos. En una segunda parte del estudio realizado por Soenke y Greenberg, los participantes en duelo escribieron acerca de su pérdida y luego vieron un breve vídeo humorístico de una comedia televisiva, hicieron un crucigrama o vieron una escena triste de una película popular. Cuando los participantes terminaron de realizar la actividad, calificaron sus emociones de felicidad, tristeza y culpa del momento. Esta calificación fue comparada con la calificación del inicio del experimento. En línea con los datos de Frederickson y otros, ver el vídeo humorístico redujo los sentimientos de tristeza asociados a recordar un evento triste, mientras que las actividades neutrales y tristes no lo hicieron. Aunque es efectivo realizar actividades que normalmente nos levantan el ánimo, las personas en duelo suelen ser reacias a realizarlas.

Existen al menos dos motivos por los cuales normalmente no elegimos las actividades que nos levantan el ánimo cuando estamos en duelo. En primer lugar, se considera que hacer cosas divertidas no es la forma «correcta» de actuar, así que nos preocupamos de lo que los demás podrían pensar acerca de nuestra elección. En segundo lugar, anticipamos que hacer algo agradable después de una experiencia triste hará que nos sintamos culpables. Cuando violamos las normas o las expectativas sociales, la culpa es una respuesta habitual. Sin embargo, aunque las personas anticipaban que se iban a sentir culpables haciendo algo divertido, ninguna de las que participaron en el estudio se sintió culpable después de ver un vídeo humorístico. Pero la previsión de la culpa puede disuadir a las personas de participar en actividades agradables. Otro estudio apoya este hallazgo de que los humanos son bastante malos para prever cómo se van a sentir en situaciones futuras.[45]

No estoy sugiriendo que cuando perdemos a un ser querido deberíamos ir a una fiesta tras otra para sentirnos felices en lugar de tristes. La flexibilidad, como dije antes, es beneficiosa, al igual que pensar en lo que ocurrió, sentir la gravedad de nuestra situación, expresar nuestro enfado o nuestra tristeza, tratar de entender cómo ha cambiado la historia de nuestra vida y más cosas. Pero ahora sabemos que las actividades que nos levantan el ánimo son beneficiosas, así que podríamos permitirnos hacer algo divertido, e incluso animar a nuestros amigos y seres queridos que están en duelo a que lo hagan. En cualquier caso, es otra opción para nuestra caja de herramientas.

Cuidar de las personas en duelo

Si te importa alguien que está pasando por un duelo, la flexibilidad emocional también es importante para ti. El desafío para los que amamos a una persona en duelo es aceptar la realidad de que alguien que nos importa está sufriendo. El desafío para la persona en duelo es aceptar la realidad de que su ser querido ha fallecido. Esto es algo doloroso de ver, pero la aflicción forma parte de la vida. Éste es un momento en el que tu querido amigo o amiga, o pareja, o hermano o hermana, debe enfrentarse a la dolorosa realidad de la mortalidad. Por analogía, si vemos a un niño que se ha caído porque se ha hecho daño en la rodilla, corremos a ayudarlo a levantarse y le damos un beso, asegurándole que su rodilla sanará, porque sabemos que el dolor tarde o temprano pasará. O lo miramos y le sonreímos, reconociendo que fue una caída fuerte, y lo animamos a levantarse y a seguir jugan-

---

45. D. Kahneman y R. H. Thaler (2006), «Utility maximization and experienced utility», *Journal of Economic Perspectives* 20/1, pp. 221-234, doi:10.1257/089533006776526076.

do. Tener compasión por las personas que están experimentando la aflicción también puede incluir consolarlas o animarlas, respondiendo con flexibilidad al momento.

Si estás escuchando a un amigo que está pasando por un duelo, y le estás apoyando con el objetivo de acabar con su aflicción, lo único que conseguirás será frustrarte si no lo consigues a pesar de tu amorosa dedicación. Ciertamente, es distinto tener compasión por un evento breve y que acaba rápidamente, como un raspón en la rodilla, que por un duelo que dura semanas, meses e incluso años. Es importante ofrecer apoyo, amor y cuidados, pero no porque eso vaya a acabar con su sufrimiento. Es importante porque cuando somos testigos de su dolor, lo compartimos, la escuchamos y la persona se siente amada y nosotros nos sentimos amorosos. Pero aun así, en cualquier momento dado es posible que tengamos que decidir si es más sabio abrazarla mientras llora o animarla a levantarse y a seguir jugando, porque las aproximaciones flexibles a los sentimientos intensos son las más útiles.

Como amigos de la persona que está afligida, es nuestro desafío continuar ofreciéndole amor, al tiempo que encontramos apoyo para nosotros en nuestra comunidad. Esto es importante porque cuidar de alguien que está sufriendo es estresante en varios sentidos. Es posible que uno se sienta culpable por no estar abrumado por la aflicción y uno se pregunte por qué la otra persona está pasando por eso y no nosotros. O es posible que tú también hayas perdido a alguien y tu ser querido en duelo no sea capaz de apoyarte en esos momentos. Quizás nos parezca injusto que la otra persona reciba toda la atención y queramos decirle, «¡Pero yo también me siento triste!», en lugar de ofrecerle nuestro cariño en ese momento. Con paciencia, podemos diferenciar darle a nuestro amigo en duelo lo que necesita en términos de atención y amor, mientras que, al mismo tiempo, le pedimos lo que nosotros necesitamos para aliviar nuestro propio dolor.

La oración de la serenidad

La añoranza, el enfado, la incredulidad y los estados de ánimo depresivos disminuyen con el tiempo después de la muerte de un ser querido.[46] Esos sentimientos van por etapas y las personas continúan experimentándolos años después de la pérdida del ser querido. Pero su frecuencia disminuye a medida que la frecuencia de la aceptación va aumentando. La aceptación puede ser el resultado de saber que hay una nueva realidad que está aquí para quedarse y que podemos sobrellevarla.

Es muy importante en qué pasamos tiempo pensando. La forma en que reaccionamos a nuestros pensamientos, y lo que sentimos, importa. La forma en que manejamos lo que hace nuestra mente a cada momento puede ser de gran ayuda. Estas reflexiones me recuerdan a la oración de la serenidad. Inherente a esa petición de ayuda está el reconocimiento de que tenemos que enfrentar con flexibilidad las pruebas a las que nos enfrentamos: «Señor, concédeme la serenidad para aceptar las cosas que no puedo cambiar, el valor para cambiar aquello que puedo y la sabiduría para reconocer la diferencia».

No podemos cambiar la mortalidad. No podemos cambiar el sufrimiento que acompaña a la pérdida. No podemos cambiar los pensamientos intrusivos y las oleadas de aflicción. Pero si tenemos valor quizás podamos aprender a responder a esas circunstancias incuestionables con mayor habilidad y una comprensión más profunda. El desafío es, por supuesto, la sabiduría de reconocer la diferencia, aprender cuándo hacer una pausa y reflexionar, y cuándo seguir adelante. Los misteriosos y abrumadores sentimientos de aflicción requieren sabiduría, pero la sabiduría se obtiene a través de la experiencia. Recurrimos a nuestros seres queridos en busca de la sabiduría que puedan aportarnos. Quizás recurramos a nuestros valores espirituales o morales para que nos guíen. Por último, esperamos que nuestro cerebro desarrolle la sabiduría para discernir cuál es el mejor camino a seguir, la cual se obtiene a partir de las experiencias de cada nuevo día.

---

46. P. K. Maciejewski, B. Zhang, S. D. Block H. G. Prigerson (2007), «An empirical examination of the stage theory of grief», *Journal of the American Medical Association* 297(7), pp. 716-723, fe de erratas en JAMA 297/20: 2200, PubMed PMID: 17312291.

PARTE 2

La recuperación del pasado, el presente y el futuro

CAPÍTULO 8

Pensar mucho en el pasado

En la película *Sin miedo a la vida* de 1993, Jeff Bridges y Rosie Perez interpretan a unos extraños que sobreviven a un accidente aéreo. La vida de ambos se van desvelando mientras ellos se enfrentan a lo que significa haber sobrevivido. Una noche, cuando están sentados dentro del coche de Bridges, Perez revela que ella cree que mató a su bebé al soltarlo durante el accidente. Él responde inicialmente con una frustración absoluta. Pero cuando ella se derrumba por completo, llorando y rogándole a la Virgen María que la perdone, Bridges se siente abrumado al pensar en cómo debe ser creer eso, sentir que uno ha matado al hijo que debía proteger. Él sale del coche y, sin que se conozcan sus intenciones, le dice a Perez que se siente en el asiento trasero y le abrocha el cinturón. Saca una caja de herramientas alargada y oxidada y la coloca en los brazos de Perez, diciéndole que la sostenga y que ése es su bebé. En lo que podría parecer un intento de suicidio, Bridges se coloca detrás del volante y conduce a través de un callejón desierto hacia un muro de cemento, a toda velocidad. Le dice a Perez que ésa es su oportunidad de agarrarlo fuerte, de salvar a su bebé. Completamente inmersa en una escena similar al accidente aéreo, ella besa la caja de herramientas. El coche se estrella contra el muro y la caja de herramientas oxidada sale disparada como un cohete, atravesando el parabrisas del coche y estampándose contra la pared de hormigón, y el acero se abolla por completo. Para Perez queda claro, de una forma inmediata y palpable, que no había forma de que ella pudiera haberse aferrado a su bebé, que no había forma de que ella lo hubiese podido salvar. A través de esta inmersión, ella se da cuenta de lo que ocurrió en realidad, y de la diferencia entre la realidad y su creencia acerca de lo que sucedió.

Los psicólogos llaman a nuestros pensamientos acerca de lo que podría haber ocurrido *pensamiento contrafáctico*. El pensamiento contrafáctico suele incluir nuestro papel, real o imaginario, para contribuir a la muerte o el sufrimiento de nuestro ser querido. Es el millón de «Qué pasaría si……» que pasan por nuestra mente: *Si hubiera hecho esto, él nunca habría muerto. Si hubiera hecho aquello, él nunca habría muerto. Si el médico hubiera hecho esto, si el tren no hubiera llegado tarde, si él no se hubiera bebido esa última copa...* El número de contrafácticos posibles es infinito. Su naturaleza infinita nos proporciona interminables pensamientos en los que concentrarnos, para considerar y reconsiderar, dándole vueltas y vueltas a la escena en nuestra mente.

La ironía es que este tipo de pensamientos, que crean una miríada de situaciones que podrían haber ocurrido, es ilógico y no nos ayuda a adaptarnos a lo que realmente ocurrió. Sin embargo, nuestro cerebro puede continuar haciéndolo por una razón. Algunas personas dirían que la razón es porque está tratando de averiguar cómo evitar muertes en el futuro, pero es posible que sea más simple que eso. Nuestro cerebro, al concentrarse constantemente en las infinitas alternativas a la realidad, se adormece o se distrae de la realidad dolorosa de que esa persona nunca va a volver. Incluso cuando los pensamientos contrafácticos incluyen la dolorosa experiencia de la culpa o la vergüenza, como creer que hemos matado a nuestro bebé, nuestro cerebro lo prefiere antes que la verdad aterradora y desgarradora de que nuestro ser querido ya no está con nosotros. O darles vueltas a esos pensamientos contrafácticos puede convertirse en un hábito, en una forma automática de responder a las punzadas de dolor. Aunque estamos cambiando una aflicción dolorosa por una culpa igualmente dolorosa, al menos la culpa significa que tenemos algún control sobre la situación. Creer que teníamos el control, aunque no lo utilizamos bien, significa que el mundo no es completamente impredecible. Nos sentimos mejor si tenemos malos resultados en un mundo predecible en el que fallamos, que si tenemos malos resultados sin un motivo discernible.

La naturaleza ilógica del pensamiento contrafáctico puede ser demostrada como una prueba geométrica. Los seres humanos cometen un error común en sus afirmaciones de «Si hubiera..., entonces». La parte del «si» se denomina el antecedente; la parte del «entonces» se denomina el consecuente. Los expertos en lógica utilizan tres diagramas, como el que mostraré a continuación, para decidir dónde está el error de la lógica. En el ejemplo de la joven viuda del capítulo 7, ella sabe que es verdad que su marido ha fallecido, y sabe que fueron al hospital en medio de la noche. Subconscientemente, se siente tentada de creer que, dado que un antecedente (fueron al hospital) está asociado a un desenlace (su marido murió), el otro antecedente (fue al hospital antes) debe estar asociado al otro desenlace (él no murió). Pero esa lógica tentadora no lo convierte en una realidad. No es necesariamente el caso de que, si hubiesen llegado antes al hospital por la tarde, él no hubiera fallecido. Ciertamente que es una posibilidad, pero también es posible que hubiera muerto a pesar de haber llegado antes. Podemos considerar infinitamente lo que *podría* ser cierto en el mundo contrafáctico en el que desearíamos vivir.

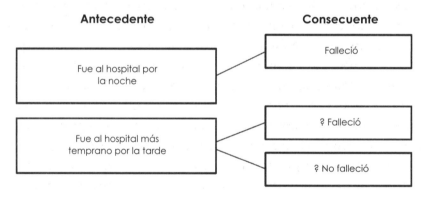

Algunas personas podrían pensar que sólo un androide como Data de *Star Trek* pensaría acerca de la pérdida de un ser querido de esta forma. En una ocasión, estaba hablando sobre el pensamiento contrafáctico con un médico que había trabajado con muchas personas con el trastorno de duelo prolongado. Estuvo de acuerdo conmigo en que puede ser útil desafiar las creencias del paciente que le hacen sentir una culpa extrema. Además, dijo que, sin embargo, le ha sorprendido que revivir la muerte durante la terapia de exposición, en el contexto de una relación terapéutica y sin desafiar al pensamiento contrafáctico, suele permitir que el pensamiento de «si hubiera...» simplemente desaparezca. No es necesario explicar la lógica. Desarrollar la capacidad de tolerar intensos sentimientos de tristeza, de impotencia o de soledad existencial activados por el recuerdo de la muerte, o al darse cuenta de que el ser querido realmente ya no está aquí, hacía que los constantes «¿Qué hubiera pasado si...?» desaparecieran.

Rumiar

En el caso de algunas personas, la mente que divaga cae en la preocupación o en la rumiación. Al preocuparnos y rumiar, también estamos imaginando una realidad alternativa, de una forma similar a crear los «¿qué hubiera pasado si...?» durante el pensamiento contrafáctico. El rumiar se centra en cosas que han ocurrido en el pasado, como pensar en algo que hicimos mal, o acerca de la forma en que alguien nos trataba. La preocupación, en cambio, se centra en hechos que están en el futuro; tenemos pensamientos ansiosos sobre lo peor que puede ocurrir. El proceso de estos pensamientos tiende a ser repetitivo, pasivo y negativo. La psicóloga Susan Nolen-Hoeksema definió el término *rumiar* como una forma de lidiar con el desánimo, centrando la atención en los sentimientos negativos en un intento de entenderlos. Nolen-Hoeksema era capaz de predecir quién estaba deprimido, o quién desarrollaría una depresión, identificando a las personas que pasaban más tiempo rumiando.

En el capítulo anterior dije que recordar la pérdida y entender nuestros sentimientos de aflicción era útil, y ahora parece como si me estuviera contradiciendo al decir que esos pensamientos provocan depresión. Bueno, lo cierto es que los psicólogos todavía no tienen todas las respuestas a la interrogante de cuándo (o cuánto) el procesamiento de pensamientos sobre la aflicción ayuda y cuándo no. Los investigadores están lidiando activamente con la paradoja de que no puedes enterarte de lo que ha ocurrido, y por lo tanto de por qué sientes una terrible aflicción, sin concentrarte en ti mismo, en tus sentimientos tristes y de enfado. No puedes comprender plenamente lo que ha ocurrido sin dejar que tu mente pase por el territorio de la rumiación. Al mismo tiempo, esos pensamientos rumiantes pueden cobrar vida propia, y cuando la persona en duelo persiste en ellos, tienden a provocar un duelo complicado o una depresión. Aunque todavía no tenemos respuestas claras, algunos caminos por la paradoja se están aclarando.

La rumiación puede dividirse en dos aspectos, a los que Nolen-Hoeksema llamó *reflexión* y *pensamientos sombríos*. Un ejemplo de reflexión es escribir lo que estás pensando, quizás varios días seguidos, y analizar tus pensamientos. La reflexión es mirar hacia adentro intencionadamente, dedicarte a resolver los problemas para aliviar tus sentimientos. Por otro lado, los pensamientos sombríos reflejan un estado pasivo. Tener pensamientos sombríos es encontrarte pensando en tu estado de ánimo, a pesar de que no te propusiste hacerlo, y persistir en esos pensamientos incluso cuando tratas de dejar de pensar en ello. Tener pensamientos sombríos es preguntarte pasivamente por qué te sientes deprimido o comparar tu situación actual con como crees que deberían ser las cosas.

Nolen-Hoeksema estudió la relación entre la depresión y tanto los pensamientos sombríos como la reflexión, pidiéndole a gente que le informara sobre su forma de pensar y los síntomas de depresión.[47] Los participantes en este estudio fueron entrevistados en dos ocasiones, con un año entre cada entrevista, aproximadamente. El aspecto de reflexión de la rumiación estaba correlacionado con tener una depresión en el momento de la entrevista. Pero la reflexión en la primera ocasión estaba asociada con una menor depresión en la segunda ocasión. Por otro lado, los pensamientos sombríos estaban asociados a una mayor depresión tanto concurrentemente como en la segunda ocasión. Notablemente, las mujeres tienden a rumiar más que los hombres y, además, tienen niveles más altos de depresión. Las mujeres puntuaron más alto que los hombres tanto en la reflexión como en los pensamientos sombríos, lo cual sugiere que son más contemplativas en general. Sin em-

---

47. W. Treynor, R. Gonzalez y S. Nolen-Hoeksema (2003), «Rumination reconsidered: A psychometric analysis», *Cognitive Therapy and Research* 27/3 (Junio), pp. 247-259.

bargo, solamente los pensamientos sombríos estuvieron asociados con mayores niveles de depresión en las mujeres. De manera que los pensamientos sombríos son una conexión entre el género y la depresión.

Creo que esta distinción sutil entre los pensamientos sombríos y la reflexión está en si la persona está buscando o resolviendo. Buscar una respuesta puede preceder a resolver un problema, pero normalmente para sentirnos mejor tenemos que llegar a la parte de resolución. A menudo, nos sentimos mejor cuando decidimos probar una solución, incluso si la solución planeada al final no arregla las cosas del todo. Para sentirnos mejor, en algún momento tenemos que dejar de buscar, o rumiar, o preocuparnos. Sin embargo, a veces incluso la resolución de problemas puede llevarte de vuelta a un ciclo de pensamiento repetitivo y prolongar tu estado de ánimo triste o ansioso, a menos que tengas la poderosa capacidad de monitorear continuamente tus pensamientos y cambiar el rumbo cuando sea necesario. ¡Esto suena como una tarea para un maestro zen! Sin embargo, somos capaces de fortalecer la habilidad de dirigir nuestra atención hacia nuestros pensamientos y decidir si esos pensamientos nos están ayudando o no. Esta habilidad suele ser el centro de la terapia cognitivo-conductual (TCC). Pero para la mayoría de la gente esto no es fácil, especialmente después de una muerte, cuando las intensas emociones de la aflicción son prevalentes.

Rumiación asociada al duelo

Tras la muerte de mi madre, yo rumiaba mucho. En realidad, también rumiaba antes de su muerte, pero posteriormente, el hecho de sentir aflicción me brindó muchas oportunidades para concentrarme en mi estado de ánimo. Mis pensamientos giraban en torno a por qué me sentía triste. Me preguntaba si sería propensa a la depresión, porque mi madre lo había sido. O si yo hubiera sido distinta si ella no hubiese estado deprimida durante mi infancia. Ella se apoyaba en mí para que la ayudara a manejar su estado de ánimo, y yo siempre temía no ser capaz de ayudarla. Aprendí que tenía más éxito ayudándola a sentirse mejor, al menos momentáneamente, cuando le decía lo que ella necesitaba oír o hacía lo que ella quería que hiciera. Con frecuencia, esto significaba que tenía que ignorar lo que yo pensaba o necesitaba. El patrón de creer que debía ayudarla a sentirse mejor a cualquier precio se convirtió en una rutina. Tras su muerte, repetí ese patrón: me esforzaba por ayudar a otras personas en mi vida a sentirse mejor, mientras continuaba ignorando mis propios sentimientos. Había infinitas posibilidades respecto a por qué me sentía triste, y me dedicaba a examinar cuidadosamente cada una de ellas, prolongando el estado en el que me encontraba. El hecho de que estuviera estudiando en un programa de posgrado de Psicología Clínica, en el que estaba formándome para examinar los estados de ánimo de las personas y sus causas, probablemente no ayudaba. Afortunadamente, también aprendí muchos métodos de resolución de problemas y técnicas para mejorar el estado de ánimo, de manera que no sucumbía a la rumiación todo el tiempo.

La mente rumia cuando no puede resolver la discrepancia entre su estado actual, como estar triste, y el estado deseado, como sentirse feliz o contenta. Durante el duelo, el origen de tu horrible estado de ánimo es menos ambiguo. Cuando sientes la intensa añoranza que acompaña a la aflicción para muchas personas, la causa parece evidente. Un ser querido acaba de fallecer y la rumiación asociada al duelo se centra específicamente en las causas y las consecuencias de la muerte. En cambio, durante la depresión, como la que tuve tras la muerte de mi madre, la rumiación puede ser sobre cualquier cosa. En el caso de las personas que tienen una aflicción aguda, la rumiación asociada al duelo se centra específicamente en la muerte del ser querido, o en el efecto que ésta ha tenido en la persona. Como hemos visto, la muerte de un ser querido penetra en nuestros pensamientos y la tendencia a la rumiación extiende el período de tiempo que nuestros pensamientos permanecen en ese tema. La rumiación predice una depresión, y una rumiación asociada al duelo predice un duelo complicado. Las personas que ya están deprimidas antes de que se produzca la muerte de un ser querido suelen continuar estando deprimidas posteriormente, como vimos en las trayectorias del duelo de Bonanno. Otras personas pueden no haber tenido la tendencia a rumiar ni haber estado deprimidas antes, pero la muerte puede iniciar el proceso del pensamiento repetitivo. Actualmente, los psicólogos piensan que no ser capaz de detener esas rumiaciones asociadas a la aflicción puede ser una de las complicaciones que impiden que se produzca la adaptación típica durante el duelo.

Las rumiaciones asociadas a la aflicción tienden a centrarse en algunos temas, tal como evidenciaron Stroebe y Schut, y sus colegas, los psicólogos holandeses Paul Boelen y Maarten Eisma.[48] Los cinco temas incluyen: (1) nuestras propias reacciones emocionales negativas ante la pérdida *(reacciones)*, (2) la injusticia de la muerte *(injusticia)*, (3) el significado y las consecuencias de la pérdida *(significado)*, (4) las reacciones de los demás a nuestra aflicción *(relaciones)* y (5) los pensamientos contrafácticos acerca de los hechos que culminaron en la muerte *(¿qué hubiera pasado si...?)*.

Examinemos algunos ejemplos. A menudo, la gente se preocupa por sus propias *reacciones* ante la muerte de un ser querido, tratando de entender la gama y la intensidad de sus sentimientos y si esas reacciones son normales. Los pensamientos acerca de la *injusticia* de la muerte incluyen sentir que la persona no debería haber muerto y preguntarte por qué eso te ha ocurrido a ti y no a otra persona. Centrarse en el *significado* de la muerte incluye pensamientos acerca de cuáles son las consecuencias de la muerte para ti, o cómo ha cambiado tu vida desde que experimentaste esa pérdida. Las *relaciones* con amigos y familiares suelen verse afectadas por la aflicción y la pérdida, y esas rumiaciones son acerca de si te están dando el apoyo adecuado, o el apoyo que deseas. Los *¿qué hubiera pasado si...?* son los pensamientos contrafácticos de los que hablamos al principio de este capítulo.

Estudios de personas británicas, holandesas y chinas que estaban en duelo mostraron que todas ellas dijeron que rumiaban sobre estos temas. Cuanto mayor era la frecuencia con que rumiaban sobre estos temas, mayor era la intensidad de sus síntomas de aflicción. Sin embargo, no todos los temas son igualmente problemáticos. En la investigación sobre la rumiación asociada al duelo, el primer tema (rumiar

48. M. C. Eisma, M. S. Stroebe, H. A. W. Schut, J. van den Bout, P. A. Boelen y W. Stroebe (2014), «Development and psychometric evaluation of the Utrecht Grief Rumination Scale», *Journal of Psychopathology and Behavioral* Assessment 36, pp. 165-176, doi: 10.1007/s10862-013-9377-y.

sobre nuestras propias reacciones emocionales negativas a la pérdida, o *reacción)* conducía a una menor aflicción en el momento y a lo largo del tiempo, al menos en un estudio. Por otro lado, rumiar sobre cómo los demás están reaccionando a nuestra propia aflicción *(relaciones)* y sobre la *injusticia* estaba asociado a una mayor aflicción en el momento y predecía que la aflicción aumentaría seis meses más tarde.[49]

Todas estas cuestiones de la rumiación en realidad son preguntas que no pueden ser respondidas, y ése es el motivo por el cual pueden persistir indefinidamente. No existe ninguna respuesta a si la muerte fue injusta, porque la injusticia tiene muchas facetas. No existe ninguna respuesta a todas las formas en que esa muerte le ha quitado a tu vida su sentido o su alegría, porque perder a un ser querido produce una infinidad de cambios. El problema engañoso de la rumiación es que, mientras uno está rumiando, siente que está buscando la verdad del asunto. Lo importante es que esos pensamientos están prolongando nuestro estado de ánimo triste o irritable, y no si esos pensamientos son ciertos.

Imagina a una familia golpeada por la trágica muerte de un hijo por suicidio. Nora se siente destrozada por la pérdida de su hermano. Encima de su aflicción, se siente incluso peor porque el comportamiento de su familia y lo que ella necesita no coinciden. Ella quiere que su familia reconozca el dolor que su hermano estaba sufriendo que lo llevó a la desesperación de su decisión. Ella quiere que ellos reconozcan que su dolor es doloroso para ella, que era la más cercana a él en edad, y además eran inseparables en su infancia. Su madre se niega a hablar de él y sus primos se sienten raros e incómodos cuando están cerca de Nora. El tema no es si la reacción de la familia debería ser más abierta, más tolerante y más comprensiva con Nora. El tema es que Nora se siente atrapada en un torrente de pensamientos interminable, que no tiene solución y que no la beneficia en nada. El hecho de rumiar, en sí mismo, no mejorará la situación. Es posible que

---

49. M. C. Eisma, H. A. Schut, M. S. Stroebe, P. A. Boelen, J. Bout y W. Stroebe (2015), «Adaptive and maladaptive rumination after loss: A three-wave longitudinal study», *British Journal of Clinical Psychology* 54, pp. 163-180, https://doi.org/10.1111/bjc.12067.

lo que Nora necesite es entrar en un modo de resolución de problemas; por ejemplo, hablando con sus primos acerca de lo que la ayudaría durante estos momentos difíciles, o pasando menos tiempo con su madre y encontrando amigos con los que pueda hablar más abiertamente. Lo importante no es determinar si los pensamientos son ciertos, sino si son útiles.

¿Por qué rumiamos?

Si estamos rumiando para averiguar qué ha ocurrido y por qué nos sentimos tan mal, y sin embargo el hecho de rumiar no nos está ayudando realmente a adaptarnos a largo plazo, ¿por qué lo hacemos? La respuesta podría estar en lo que *no* estamos haciendo mientras utilizamos todos nuestros recursos cognitivos para rumiar. En ocasiones, la motivación subconsciente para realizar una actividad es que nos permite evitar la otra cosa que podríamos estar haciendo, normalmente porque así nos sentimos mejor. Para investigar la motivación para la rumiación, podríamos preguntarnos, ¿cómo nos sentiríamos si no estuviéramos rumiando? ¿Estamos rumiando porque eso hace que nos sintamos mejor que si estuviéramos haciendo otra cosa?

A la mayoría de la gente no le gusta la experiencia de sentirse abrumada por la aflicción. Eso hace que nos sintamos ligeramente fuera de control; quizás creamos que, si nos permitimos derrumbarnos, nunca podremos recuperarnos. Es doloroso, desgarrador. Stroebe y sus colegas formularon una excelente hipótesis: dejar que nuestros pensamientos corran por nuestra mente una y otra vez puede ser una manera de distraernos de nuestros sentimientos dolorosos de aflicción. Pensar en la pérdida y en sus consecuencias en realidad podría ser una forma de evitar *sentir* la pérdida. Sus colegas y ella la llamaron la hipótesis de la *rumiación como evitación*.[50] Esto puede sonar bastante descabellado

---

50. M. S. Stroebe et al. (2007), «Ruminative coping as avoidance: A reinterpretation of its function in adjustment to bereavement», *European Archives of Psychiatry and Clinical Neuroscience* 257, pp. 462-472, doi: 10.1007 /s00406-007-0746-y.

inicialmente, pero por fortuna este cuidadoso equipo de investigación realizó estudios empíricos para investigar. Permíteme que te muestre cómo lo hizo.

Cuando algo es muy difícil de medir, los científicos desarrollan técnicas especiales para medirlo, ésa fue la base del microscopio y el telescopio. La evitación es algo difícil de medir. Aunque podemos preguntar a la gente cuánto tiempo pasa rumiando, o sobre qué rumia, no tiene sentido preguntarles directamente sobre la evitación. Si la motivación del cerebro para la evitación es no ser conscientes de lo que estamos sintiendo, entonces la evitación en sí misma como proceso probablemente tampoco sería consciente. Sin embargo, unas técnicas especiales de medición en el laboratorio permiten a los psicólogos estudiar las respuestas automáticas, respuestas que son demasiado rápidas para ser deliberadas. Estas decisiones son tomadas por el cerebro muy rápidamente. Un método utiliza el tiempo de reacción y el otro utiliza el seguimiento ocular: respuestas que ocurren aproximadamente con la rapidez de un latido del corazón.

Para evaluar la rumiación como hipótesis de evitación, Stroebe y sus colegas invitaron a personas en duelo a acudir al laboratorio y participar en esas mediciones de la evitación. Pensaron que utilizar las combinaciones de imágenes y palabras de nuestro estudio con neuroimágenes funcionaría también para ellas. El grupo de psicólogas holandesas, Eisma, Stroebe y Schut, contactó conmigo y les expliqué cómo crear las combinaciones que forman cuatro categorías: fotos de la persona fallecida y fotos de un extraño, cada una de ellas combinada con palabras relacionadas con la aflicción o palabras neutrales. Para medir el tiempo de reacción, pidieron a los participantes en duelo que empujaran o tiraran de una palanca que hacía que la foto/palabra aumentara o redujera su tamaño en la pantalla, lo cual hacía que pareciera que la foto se alejaba de ellos o se acercaba. Las diminutas diferencias en la cantidad de tiempo que les llevaba empujar o tirar de la palanca puede medirse en milisegundos. La evitación automática de nuestro cerebro hace que alejemos la imagen unos milisegundos más rápido de lo que lleva acercarla hacia nosotros. Además de esta tarea de laboratorio, los participantes en el estudio también informaban de con cuánta frecuencia rumiaban sobre temas relacionados con el duelo. Las investigadoras hallaron que las personas en duelo que rumiaban más alejaban la imagen de la palabra fallecido/aflicción más rápidamente que las personas en duelo que rumiaban menos, y más rápido de lo que lo hacían con las categorías de palabras para el extraño o neutrales.[51] Estos resultados sugieren que pasar más tiempo rumiando está asociado con una mayor evitación automática de la aflicción.

En otra tarea, los mismos participantes en duelo vieron imágenes en una pantalla mientras un dispositivo de seguimiento ocular medía los movimientos minúsculos de sus ojos para determinar hacia dónde estaban mirando. Los ojos son, literalmente, una extensión de las neuronas del cerebro, una ventana al lugar en el que la atención del cerebro está centrada. En este estudio aparecían dos imágenes, una al lado de la otra. Las personas que dijeron que rumiaban más pasaron menos tiempo mirando la imagen de las palabras fallecido/aflicción que la imagen que estaba en el otro lado de la pantalla.[52] La ingeniosidad de estos estudios es que los científicos no serían capaces de averiguar con exactitud dónde centra una persona su atención visual sólo preguntándoselo. Pero los datos indican que los niveles altos de rumiación están asociados con el hecho del que el cerebro evita aquello que le recuerda a la pérdida, ya sea alejándolo o mirando hacia otra parte. Aunque las personas rumian acerca de otros aspectos de la causa y las consecuencias de su pérdida, evitan aquellas composiciones enfáticas y francas que les recuerdan el hecho de la muerte de su ser querido.

Quizás hayas experimentado la rumiación como evitación, sin reconocerlo como tal. ¿Alguna vez has tenido una amiga que te cuenta la historia de su pérdida exactamente de la misma manera cada vez? Te recita lo que pasó y lo terrible que fue, pero tú sientes que hay una desconexión entre el hecho de que te está contando que fue terrible y el

51. M. C. Eisma, M. Rinck, M. S. Stroebe, H. A. Schut, P. A. Boelen, W. Stroebe y J. van den Bout (2015), «Rumination and implicit avoidance following bereavement: an approach avoidance task investigation», *Journal of Behavior Therapy and Experimental Psychiatry* 47 (Jun), pp. 84-91, doi: 10.1016/j.jbtep.2014.11.010.

52. M. C. Eisma, H. A. W. Schut, M. S. Stroebe, J. van den Bout, W. Stroebe y P. A. Boelen (2014), «Is rumination after bereavement linked with loss avoidance? Evidence from eye-tracking», *PLoS One* 9, e104980, http://dx.doi.org/10.1371/journal.pone.0104980

hecho de que no parece sentirse terriblemente mal en el momento en que te lo está contando. Puede contarte todos los detalles, y ese nivel de detalle es el proceso de rumiación, un proceso cognitivo. En ocasiones, contar la historia de esa forma cerebral, rumiadora, nos permite evitar sentir lo que ocurrió cuando nuestro ser querido falleció: rumiación como evitación. El problema es que contar la historia una y otra vez de esa forma no es lo mismo que descubrir lo que significa esa pérdida. Por otro lado, descubrir lo que la pérdida de esa persona significa para nosotros y aprender a encontrar la manera de vivir sin ella produciría sentimientos intensos en nosotros, pero también nos ayudaría a pasar por el duelo y a encajar esa pérdida en nuestra vida.

Por lo tanto, la rumiación es un proceso de evitación, aunque no es intencional. Regresar repetidamente a aspectos de la pérdida o a nuestra propia aflicción que no puede cambiar no nos ayuda a aprender a tolerar la dolorosa realidad a largo plazo. He conocido a personas que me han dicho que cuando dejaron de tratar de evitar sentir aflicción, la aflicción no fue tan difícil de tolerar como el esfuerzo requerido para evitarla.

Como suele ocurrir en nuestra actual comprensión científica del funcionamiento del cerebro, todavía no sabemos si las personas que rumian más lo hacen debido a unas conexiones más débiles entre regiones cerebrales, o si el hecho de rumiar produce unas conexiones más débiles. Como suele ocurrir en la psicología, probablemente la respuesta sea una combinación de ambas cosas, una espiral descendente de forma y función. Sin embargo, una espiral descendente suele darnos el impulso para intervenir y crear una espiral ascendente. Esa espiral ascendente podría ser la técnica que se aprende en psicoterapia para prestar atención al contenido de nuestros pensamientos y llevar nuestra atención hacia características externas de nuestro entorno o hacer algo que nos saque de nuestro estado de ánimo rumiador. Por ejemplo, la joven viuda que lanzó la taza de café y salió de la habitación logró dejar de regresar a sus pensamientos obsesivos; descubrió una manera efectiva de cambiar lo que estaba pensando mediante el acto de salir de la casa.

Estamos juntos en esto

Mi mejor amiga me ha ofrecido su apoyo en todos los acontecimientos importantes en mi vida, ayudándome a enfrentarme a la muerte de cada uno de mis padres. Nos hemos escrito muchas cartas a lo largo de los años. Pero desde que íbamos a la secundaria, nunca hemos vivido en el mismo sitio, excepto por períodos breves. Al estar separadas, han sido necesarias muchas cartas, y con el tiempo muchos correos electrónicos, y últimamente, al tener menos tiempo, las llamadas telefónicas. Cuando estudiaba en Inglaterra, estas cartas se volvieron incluso más largas e importantes para mí. Durante ese año de universidad estuve terriblemente deprimida y esas cartas eran una oportunidad para revelar todo lo que estaba pensando y sintiendo. Nos permitíamos mutuamente expresar todos los matices de nuestros peores momentos. Yo sabía que ella entendía lo que le estaba diciendo y podía especular, tan claramente como yo, sobre la forma en que mi vida y mi crianza habían acabado produciendo esos sentimientos. Sinceramente, no sé qué habría hecho sin ella.

Nunca se me ocurrió que este tipo de conversaciones podrían tener un lado positivo y otro negativo hasta que leí el trabajo de la psicóloga Amanda Rose de la Universidad de Missouri. Ella estudia el papel que tienen estas conversaciones en la vida de las chicas y las mujeres jóvenes. Rose desarrolló el término *corumiación* para describir la conversación repetitiva y extensa sobre problemas personales entre dos amigos cercanos, una forma de comunicación íntima e intensa, a menudo sobre sentimientos negativos. El claro lado positivo que experimenté con mi mejor amiga fue confirmado en la investigación de Rose. Los amigos experimentaban estas conversaciones como algo que incrementaba sus sentimientos de cercanía y satisfacción con su amistad.[53] Por otro lado, la corumiación también provocaba un aumento de los síntomas

---

53. A. J. Rose, W. Carlson y E. M. Waller (2007): «Prospective associations of co-rumination with friendship and emotional adjustment: Considering the socioemotional trade-offs of co-rumination», *Developmental Psychology* 43/4, pp. 1019-1031, doi: 10.1037/0012-1649.43.4.1019.

de depresión y ansiedad. El apoyo que incluye hablar extensamente sobre los problemas puede tener un efecto negativo en el ajuste emocional, en lugar de uno positivo. Cuando uno se siente más deprimido, es posible que recurra cada vez más a este tipo de conversaciones para sentirse más cerca de la otra persona y sentir su apoyo.

La investigación no está diciendo que las amistades cercanas, o expresar los sentimientos que uno tiene, sea algo malo. De hecho, cuando Rose dejó a un lado la cantidad de corumiación, estas amistades siguen asociadas a una menor depresión. La oportunidad de revelar tu propia vida interior y encontrar el apoyo y el estímulo de otra persona es beneficioso. El aspecto negativo está en los detalles: la discusión pasiva de los mismos sentimientos negativos una y otra vez no es lo mismo que resolver problemas, recibir ánimos o consejos. Hablar de cómo te sientes puede hacer que te sientas normal cuando la otra persona se ha sentido así también. Pero cuando los sentimientos negativos son, de lejos, el tema de conversación más habitual, o cuando sientes que todo el mundo está en contra de vosotros dos, eso empieza a convertirse en una corumiación. Con el tiempo, mi mejor amiga y yo llegamos a esta misma conclusión, a nivel intuitivo. Ella me sugirió que sólo hablásemos de una determinada situación tres veces, y si después de eso nada había cambiado, que probásemos algo nuevo antes de volver a hablar del tema.

Aceptar

Mientras estaba escribiendo este libro, tuve la fortuna de pasar mi año sabático en la Universidad de Utrecht en Holanda. Utrecht es una antigua ciudad romana que está llena de ciclistas a lo largo de los numerosos canales bordeados de hermosas flores. Pasé una temporada en la histórica universidad con mis generosos anfitriones, Stroebe y Schut. Trabajar hombro con hombro con otros investigadores del duelo fue una nueva experiencia para mí, ya que no hay muchos científicos que se dediquen de una forma casi exclusiva a este tema. Además, vivir en otro país me dio la oportunidad de absorber una gran cantidad de arte, historia y cultura. Utrecht es famosa por su historia protestante y sus actividades teológicas. Un día, mientras estaba pensando en la ética laboral protestante, me llamó la atención la palabra *trabajo* en el término *trabajo de duelo*. Stroebe y Schut habían estado tratando de descifrar las diferencias entre la rumiación inútil y el trabajo de duelo útil. Se me ocurrió que quizás había algo que era lo opuesto tanto de la rumiación como del trabajo de duelo, y que eso podría ser *aceptar*. Yo utilizo el término *aceptar* en relación a la respuesta que uno tiene ante lo que ocurre en el momento, en lugar de *aceptación,* que sugiere un cambio permanente en la forma en que uno ve una situación.

Mientras imaginaba los escenarios de enfrentar una pérdida versus aceptarla, una notable diferencia que me llamó la atención fue la cantidad de esfuerzo requerido. No quiero decir que aceptar sea necesariamente fácil, pero cuando uno acepta, uno siente una cierta paz. Es como quitarse un peso de encima, incluso con el pleno conocimiento de que quizás tendrá que volver a recogerlo. Y, aunque aceptar puede significar que ya no estás consumido por pensamientos y sentimientos acerca de la pérdida, aceptar también es distinto a evitar. La evitación (tratar de eludir el conocimiento de que ha ocurrido una muerte) requiere mucho esfuerzo. Evitar los sentimientos abrumadores de aflicción, motivado por cuánto odias esos sentimientos, requiere esfuerzo. Por otro lado, aceptar no tiene ninguna relación con si odias o no odias el hecho de que tu ser querido ha fallecido. Simplemente reconoce la realidad, y ahí se detiene la reacción. Nada de rumiar, nada de resolver problemas, nada de enfado o protesta; simplemente aceptar las cosas como son.

Quiero dejar claro que hay una diferencia entre aceptar la muerte de alguien y resignarse a su muerte. Aceptar es saber que la persona ya no está, que nunca volverá, que no hay nada que hacer acerca de las cosas que ocurrieron en su vida, y que los arrepentimientos y los adioses forman parte del pasado. Aceptar es centrarse en la vida tal como es ahora sin la persona fallecida, sin olvidar a la persona fallecida. La resignación va un paso más allá y sugiere que tu ser querido se ha marchado y que nunca volverás a ser feliz. Eso implica que la muerte sólo tiene consecuencias negativas. Aceptar es la simple conciencia de la realidad, con la esperanza de que la realidad del presente puede ser valiosa o difícil, alegre o desafiante. La esperanza es una parte fundamental de la psicología humana, cuando se les da a las personas el apoyo y el tiempo suficientes.

Unos días después de la muerte de mi padre fui a Alemania por unas tres semanas, en un viaje de trabajo que había sido planeado mucho antes de que supiera que él iba a morir ese verano. Afortunadamente, también estaba trabajando y quedándome en casa de Gündel, mi colega y amigo querido desde hace veinte años, desde nuestro primer estudio con IRMf sobre la aflicción. Él es psiquiatra y psicoanalista, y no es ajeno a la aflicción y a las personas que están pasando por un duelo. Con frecuencia, durante ese viaje, en las tardes sentía la necesidad de llorar. Así era como lo experimentaba: en un momento estaba escribiendo en mi ordenador portátil y un instante después se abrían las compuertas y los ojos se me llenaban de lágrimas. Perder a mi padre después de haber perdido a mi madre era cualitativamente distinto a perder sólo a uno de mis padres de una forma que no había previsto. Eso significaba que ahora no tenía a *ninguno* de mis padres; ellos ya no existían en el mundo para mí. No estoy segura de si la palabra *huérfana* se puede aplicar a una mujer de cuarenta y tantos, pero me sentía muy muy sola.

En esos momentos en los que se abrían las compuertas, me levantaba y salía a caminar, dejando que las lágrimas salieran en un lugar donde no iba a molestar a mis compañeros de oficina o a otras personas de mi sección. El sur de Alemania es precioso en el verano, y ese año no fue una excepción. Había un sendero que serpenteaba a través de un área llena de árboles frondosos detrás de la clínica, y yo solía pasear por ahí durante unos treinta minutos. Esto ocurría día tras día, aproximadamente a la misma hora. Llegué a pensar que esos ataques de llanto eran como lluvias vespertinas que tienen lugar en algunos climas durante el verano. El Sol es cálido y radiante, y luego, de repente, cae un chaparrón. Al poco rato, el Sol vuelve a salir, añadiendo destellos a las hojas y a los coches mojados. Estas tormentas de verano son bastante predecibles: no todos los días, pero con la suficiente frecuencia como para que te acuerdes de coger un paraguas o de mirar al horizonte antes de salir a la calle con sandalias. No tiene ningún sentido maldecir esos chubascos, no tiene ningún sentido enfadarte cuando cae la lluvia en medio de un partido de *softball* o de un pícnic. Simplemente va a ocurrir, sin que importe particularmente lo que estás haciendo en ese momento. Llegué a ver esos ataques de llanto de la misma manera: había un sentimiento que me resultaba familiar cuando esas nubes oscuras se cernían sobre mí, un patrón un tanto predecible en las tardes, y el conocimiento de que probablemente no durarían. Solía descubrir que había llegado al final del sendero circular, que estaba de vuelta en la clínica, y normalmente también me percataba de que había dejado de llorar. Mi cerebro ya estaba pensando otra vez en algún párrafo que había estado escribiendo en la oficina, o haciendo la lista de la compra para la cena.

La clave para aceptar es no hacer nada con lo que estás experimentando, y no preguntarte qué significan tus sentimientos, o cuanto durarán. Aceptar es no empujar los sentimientos y decir que no puedes soportar la situación. Es no creer que ahora eres una persona rota porque nadie puede devolverte a tus padres, y que nunca tendrás otros. Es notar qué sientes en ese momento, dejar las lágrimas salir y luego dejarlas ir. Saber que el momento de aflicción te va a abrumar, sentir ese nudo conocido en la garganta y saber que pasará. Como la lluvia.

Tomar consciencia

Al entender la investigación científica sobre el divagar de la mente, haciendo que la gente nos cuente sobre qué temas rumia y midiendo sus procesos mentales con el tiempo de reacción y con tareas de laboratorio de seguimiento ocular, me di cuenta de que recuperar una vida con sentido requiere que dejemos de pensar en el pasado y empecemos a pensar en el presente y en el futuro de una forma flexible. Requiere ser capaces de dejar de pensar en las relaciones del pasado y empezar a pensar en las relaciones del presente y de un posible futuro, una y otra vez. Es posible que todavía pasemos tiempo en un ensueño sobre la vida que tuvimos juntos, y una trayectoria de duelo ciertamente no significa que olvidemos a nuestros seres queridos que han fallecido. De hecho, el tiempo que pasamos juntos y las experiencias que tuvimos mientras creábamos un vínculo tuvieron como resultado unas conexiones neurales y unas consecuencias químicas en nuestro cerebro que nunca nos permitirán olvidar. Elegir pasar tiempo pensando en una persona que es importante para ti ahora no significa olvidar a alguien a quien amaste intensamente y a quien siempre amarás. Aceptar significa que no pasamos tiempo en el pasado con exclusión de pasar tiempo en el presente y que no usamos nuestra capacidad para viajar en el tiempo para evitar el presente. En el próximo capítulo exploraremos lo que podría significar vivir en el presente en medio de la aflicción.

CAPÍTULO 9

Estar en el presente

Durante una de mis numerosas entrevistas a personas en duelo, estaba sentada a una mesa pequeña con un distinguido señor mayor cuya esposa había fallecido un par de años atrás. Me contó una conmovedora historia sobre su vida juntos; me dijo que se habían conocido en el instituto, que se habían casado jóvenes, que tenían dos hijos y una casa preciosa; me habló de lo felices que eran y cuánto había amado a su mujer. Lloró un poco cuando me habló de la enfermedad terminal que ella padeció, de cómo la había cuidado en las últimas semanas y cómo había fallecido. Luego me dijo que recientemente había conocido a una mujer que era muy distinta a su esposa. Tenía otros intereses y era más extrovertida, y aunque le parecía extraño estar saliendo con alguien, descubrió que el tiempo que pasaban juntos lo energizaba. Hizo una pausa, perdido en sus propios pensamientos por unos instantes, y luego me dijo, simplemente, «¿Sabes? Me sentía bien entonces –hizo otra pausa y dijo–: Y me siento bien ahora».

Añorar no es sólo por el pasado, por algo que existía antes. Añorar también significa que hay algo que no nos gusta del presente. Si la añoranza sólo tuviera que ver con el pasado, simplemente pasaríamos un rato con nuestros recuerdos y luego nos concentraríamos en lo que está ocurriendo en el presente. Pero cuando estamos en duelo, el momento presente puede estar lleno de dolor, lo cual hace que el pasado sea más deseable. Si el presente en sí mismo tiene poco que decir, o si nos sentimos incapaces de poner nuestra atención en otra cosa y, por lo tanto, ni siquiera sabemos qué es lo que el presente nos puede ofrecer, lo más probable es que la añoranza persista. Más allá de los sentimientos de tristeza e ira y la amputación que ya he mencionado, las punzadas de dolor también pueden estar llenas de pánico.

El pánico

En *A Grief Observed,* el precioso libro que C. S. Lewis escribió tras la muerte de su esposa, dice: «Nadie me dijo jamás que la aflicción podía sentirse también como miedo». Los peores momentos de aflicción para mí, podría decir que fueron también momentos de pánico. Tras la muerte de mi padre, yo no tenía hijos, ya no estaba casada y ya no tenía padres. Durante el año siguiente, me sentí completamente desconectada en el mundo, pues ya no tenía todas las relaciones que me habían sostenido. El momento presente me asaltaba, a menudo en las noches, y mi respuesta automática era el pánico. Mi corazón y mi mente se disparaban, y prácticamente saltaba de mi silla por la agitación. Lo único que me ayudaba durante los momentos de pánico era hacer que mi actividad física estuviera a la par con la cantidad de adrenalina que mi cuerpo estaba produciendo, así que salía a caminar a un ritmo rápido por mi barrio, normalmente en la oscuridad. Con el tiempo, el cuerpo acaba cansándose y la mente también, y después de derramar algunas lágrimas, volvía a casa.

El neurocientífico Jaak Panksepp coincidía con el escritor C. S. Lewis y con mi propia experiencia personal. Panksepp fue un pionero en la «neurociencia afectiva», el campo que estudia los mecanismos neurales de la emoción. Insistía en que la emoción podía ser estudiada científica y empíricamente en los animales, y desarrolló un modelo integral para la gama de emociones que el cerebro produce y las funciones de esas emociones. Una de las ventajas del clima cálido de Tucson es que a los académicos mayores les encanta visitarla, y tuve la suerte de asistir a varias conferencias de Panksepp en la Universidad de Arizona poco antes de su muerte en 2017. Una de sus poco conocidas contribuciones es a nuestra comprensión de la neurobiología de la aflicción. Su conocimiento no era sólo académico, ya que su propia hija adolescente murió en un accidente automovilístico provocado por un conductor ebrio.

Panksepp nombraba a los sistemas neurales para las diferentes emociones con letras mayúsculas, como ALEGRÍA, IRA y MIEDO. Al sistema que controlaba la respuesta a la pérdida lo denominó PÁNICO/AFLICCIÓN, resaltando la superposición incluso en la propia denominación. Ciertamente, no todos los aspectos de la aflicción se sienten como pánico. Panksepp se estaba refiriendo a (1) la aflicción aguda, (2) aspectos de la aflicción que se conservan en diferentes especies y (3) la aflicción que no ha sido elaborada por las regiones corticales superiores del cerebro. Documentó que cuando los animales son separados, normalmente entran en un período de mayor actividad, el cual se caracteriza por un aumento del ritmo cardíaco y de la respiración, una liberación de hormonas del estrés como el cortisol y llamadas de auxilio. La principal investigación de Panksepp en esta área se centró en las llamadas de auxilio, incluso las ultrasónicas en algunas especies. Identificó lo que llamó la anatomía de la aflicción, o las regiones vinculadas del cerebro que producían las llamadas de auxilio cuando eran estimuladas eléctricamente. Esas regiones incluyen la sustancia gris periacueductal (PAG) en el cerebro medio, justo encima de la espina dorsal. En mi segundo estudio con neuroimágenes, la región PAG se activaba en los participantes en duelo cuando veían fotografías de su ser querido fallecido comparadas con las de un extraño, tanto si tenían un duelo complicado como si no.

Es probable que el pánico, el aumento de actividad y las llamadas de socorro pongan al animal separado en contacto con otros de su especie, o «congéneres». Uno podría imaginar que la función del PÁNICO/AFLICCIÓN es motivar a los animales, incluidos los primates, a entrar en contacto con otros. Otros de su especie podrían, ciertamente, ayudar a su supervivencia, incluso si el que está perdido es incapaz de reunirse con su cuidador. El contacto social produce la liberación de opioides en el animal angustiado, lo cual funciona para calmar y también para enseñar. Entrar en contacto con otros se combina con esta poderosa recompensa, el equivalente a los opioides que es generado internamente, y una recompensa poderosa tiende a aumentar el comportamiento que la precedió. Qué fantástico sería si pudiésemos usar esta comprensión fisiológica como un método único de administración de medicamentos. Un médico podría recomendar: «Para aliviar temporalmente su angustia, tenga dos conversaciones con personas cariñosas, preferiblemente que incluyan un abrazo, y llámeme por la mañana».

Un muchas de las ocasiones en que sentí pánico, llamaba a mi hermana o a mi mejor amiga, y si no conseguía hablar con ellas, llamaba a otra amiga cercana. Sin embargo, en otras ocasiones, decidía que era demasiado tarde para llamar, o que no me sentía tan mal, o que ya había molestado bastante a la gente por el momento. Los seres humanos tienen la capacidad de invalidar todo tipo de patrones de comportamiento que la evolución ha puesto en marcha. Tuve la fortuna de saber que esas amigas me hubieran respondido y hablado conmigo sin importar qué hora fuera, y su apoyo fue probablemente lo que me mantuvo cuerda. El mero hecho de saber que *podía* llamarlas, incluso si no lo hacía, significaba la diferencia entre la angustia extrema y la angustia moderada. Pero soy consciente de lo afortunada que soy, porque hay muchas personas en el mundo que no tienen ni a una sola persona a la que sienten que podrían llamar en una situación así.

¿Qué nos puede ofrecer el presente?

Si el momento presente sólo tiene pánico y aflicción para ofrecer, ¿por qué habríamos de pasar tiempo siendo plenamente conscientes del presente? Es posible que, inicialmente, podamos soportar la dolorosa realidad del presente sólo por un instante. Una apreciada colega en mi campo me dijo en una ocasión que cuando era una estudiante universitaria, se casó y tuvo un bebé. Luego, su marido murió inesperadamente. Como madre soltera sin trabajo y sin un título universitario, tenía todos los motivos para sentir pánico. Ella me dijo que sabía que no podía soportar tener que hacer frente a lo que esa realidad significaba, pero se convenció a sí misma de que probablemente podía pensar en eso durante dos segundos. Y al día siguiente, probablemente podía pensar en ello el doble de tiempo. Y el doble de eso al otro día. Y así sucesivamente, hasta que pudo decidir qué hacer. De hecho, se convirtió en una investigadora muy famosa y ahora tiene una relación maravillosa con su hijo adulto. Cuando nos permitimos la flexibilidad de viajar mentalmente lejos del presente, estamos intentando protegernos del dolor, especialmente cuando la realidad es demasiado dolorosa para soportarla. Hacer frente a las cosas de esta manera es muy típico en la aflicción aguda.

Pero el momento presente también nos ofrece posibilidades. Por ejemplo, nos ofrece a otros miembros de nuestra especie. Y únicamente en el momento presente puedes sentir alegría o bienestar. No puedes sentir esas cosas en el pasado o en el futuro. Si eso te parece poco probable, piensa en ello de esta forma: puedes recordar las ocasiones en las que sentiste alegría o bienestar, pero en realidad lo estás sintiendo en el presente. Los recuerdos, o los planes para el futuro, pueden estimularte a tener esos sentimientos, pero los sentimientos están ocurriendo aquí y ahora. Tu cuerpo está produciendo cortisol u opioides en este momento. Si estás atascado enfocando tu conciencia en un mundo virtual en el que el *si hubiera* es cierto, o en el que tu ser querido está vivo o tus amigos comprenden mejor tu aflicción, eso tiene un aspecto negativo: te estás perdiendo lo que está ocurriendo en este momento. Aunque muchos aspectos de lo que está sucediendo ahora mismo pueden ser dolorosos, también hay aspectos del presente que son maravillosos.

Los seres humanos no pueden decidir ignorar sólo los sentimientos desagradables. Si te insensibilizas a tu experiencia del momento, te estás insensibilizando a todo, lo bueno y lo malo. Renuncias a dejar que el barista te haga sentir calidez en tu corazón cuando te regala una sonrisa radiante o a dejarte entretener por un cachorrito que juguetea en el parque. Si evitas los sentimientos dolorosos evitando ser consciente de lo que está ocurriendo a tu alrededor, acabas no siendo consciente de lo que ocurre a tu alrededor. No es posible evitar únicamente los sentimientos negativos. Ignorar el presente hace que nos resulte difícil aprender qué funciona en tu nueva forma de vivir tu vida. Por otro lado, cuando estás presente en el momento, el *feedback* de la dopamina, el opioide y la oxitocina te ayudan a avanzar hacia una vida restaurada, con sentido.

Un año, cuando estaba con mi mejor amiga durante las vacaciones, me sentía dividida entre charlar con ella y chatear con mi nuevo novio. En un momento dado, ella me preguntó si tenía propósitos para el Año Nuevo y se rio cuando le dije que esperaba ser más consciente en el año que venía. Mientras le decía esto, tenía el teléfono en la mano y ni siquiera la estaba mirando. Me sentí ligeramente ofendida por su risita, ya que tenía claro que, aunque no le estaba prestando atención a ella, estaba prestando atención a lo que estaba haciendo. Años más tarde, llegué a comprender que ser consciente es algo más que prestar atención.

Estar en el momento presente es ser consciente más allá de tu punto focal, es una conciencia que incluye a las personas que están contigo en el *aquí* y *ahora*, tanto si son amigos como si son cajeros, niños, personas mayores o extraños. En cierto modo, el *mindfulness* es llevar la atención a la conciencia del *aquí*, a la conciencia del *ahora* y a la conciencia de la *cercanía*. Quizás estés presentando atención a lo que estás haciendo, pero eso no es lo mismo que ser consciente de que estás haciéndolo en el presente, aquí en esta habitación y con los seres humanos que te rodean. En ciertos sentidos, creo que esta consciencia del momento presente es plenitud, estar inmerso en lo que estás haciendo ahora en todos los aspectos. Esto te da una magnífica oportunidad para experimentar lo que está ocurriendo, para ver las maravillas que el mundo puede ofrecer y para aprender de tus interacciones con el mundo.

En los inicios de mi aflicción con pánico, no tenía la presencia de ánimo para hacer nada, y mucho menos para aprender a cambiar el foco de mi conciencia. De hecho, tenía una nota pegada en el armario de la cocina que decía: «Cocina. Limpia. Trabaja. Juega». Esto servía a dos propósitos. La nota era una intención para lo que creía que podía lograr en un día, por muy mínimo que pareciera. En los momentos en los que me sentía abrumada o aturdida, podía regresar a esa sencilla lista para que me dijera qué debía hacer a continuación. En los días en los que lograba realizar cualquier aspecto de las cuatro metas, me recordaba a mí misma que eso era suficiente, que había sido un buen día. Quiero dejar claro que lo que estaba experimentando era un duelo normal, típico, promedio; no un duelo complicado. Tardé meses en reconvertir mi vida en algo que vivía plenamente, y en ciertos aspectos todavía no lo he logrado del todo. A la larga, encontrar una manera de pasar más tiempo en el momento presente me ayudó a averiguar cómo era la vida ahora, y cuando supe cómo se sentía vivir en el presente, pude elegir cómo vivirlo.

Insomnio

Como si el duelo no hiciera que el presente fuera suficientemente insoportable, el insomnio que llega con la aflicción ciertamente no ayuda. El período posterior a la muerte de un ser querido es la tormenta perfecta que desregula todos los sistemas que controlan el sueño. En primer lugar, nuestro organismo está bombeando una combinación de adrenalina y cortisol en respuesta al estrés del duelo, lo suficiente para mantener a cualquier persona despierta como si hubiera bebido un montón de café durante el día. Combina eso con todos los cambios en lo que los investigadores del insomnio llaman los *zeitgebers,* que significa «dadores de tiempo». Los *zeitgebers* son todas las señales ambientales que sincronizan los ritmos biológicos de una persona con el ciclo de luz y oscuridad de 24 horas de la Tierra. Ejemplos de *zeitgebers* relacionados con el dormir incluyen cenar; un período de tranquilidad antes de ir a la cama, como ver la tele o leer; entrar en la cama con la calidez, los olores y las señales visuales de tu pareja; y apagar las luces. Lo más probable es que todos estos *zeitgebers* sean alteradas por la ausencia de tu ser querido. En lugar de eso, cada uno de ellos es una señal para la aflicción, un recordatorio de que esa persona no está presente. Cuando estás en duelo, los *zeitgebers* no sólo están ausentes, sino que además su ausencia pone en marcha la rumiación relacionada con la aflicción, lo cual hace que nuestros pensamientos perseverantes y la activación fisiológica se mantengan. No es de extrañar que no podamos dormir.

Muchos médicos recetan benzodiacepinas o pastillas para dormir a los pacientes en duelo, basándose en la desesperación que expresan las personas por la falta de sueño. La evidencia empírica muestra que estas pastillas no ayudan a paliar la aflicción y hacen que, a la larga, a las personas en duelo les cueste más dormir.[54] Incluso si duermes mejor la noche en que te tomas la pastilla para dormir, con el tiempo tu ritmo circadiano se acostumbra a esa señal del medicamento. Te sincronizas con la sensación del medicamento junto con las otras cosas que haces cuando te preparas para dormir. Cuando dejas de tomar el medicamento, vuelves a tener problemas de sueño, o tu sueño es aún peor. El insomnio se reactiva y ahora tienes que lidiar con la ausencia de tu ser querido y, además, con la ausencia de una droga que tu cuerpo se ha acostumbrado a esperar. Éste es otro ejemplo de que el tiempo no sana, sino que es la experiencia la que sana con el tiempo. Si quitas la experiencia, incluso la experiencia del insomnio, es más difícil aprender a crear una vida que apoya tu ciclo de sueño circadiano natural. Es más difícil descubrir qué es lo que te ayuda normalizar tu sueño con el tiempo.

El insomnio es un problema tan importante que quiero ser muy clara: los médicos tienen las mejores intenciones cuando recetan pastillas para dormir. Hay un hallazgo accidental que se produjo en un estudio sobre los médicos que es relevante aquí. Los investigadores querían entender por qué los médicos recetan benzodiacepinas como diazepam (Valium) y Lorazepam (Ativán) a personas mayores, a pesar de todas las indicaciones en contra de ello. El estudio no estaba diseñado para investigar el duelo como una indicación potencial para recetarlos, sino más bien para preguntar el motivo por el cual los médicos recetaban estos medicamentos para dormir a cualquiera. Inesperadamente, más de la mitad (18 de 33 médicos) dijo espontáneamente que recetaba benzodiazepinas específicamente para el duelo agudo.[55] Los investigadores no se habían dado cuenta de lo común que era, y en ese momento esa preocupación no estaba en el radar de los investigadores. Además, aparte de preguntar a los médicos, los investigadores entrevistaron a cincuenta personas mayores que llevaban mucho tiempo to-

54. J. Warner, C. Metcalfe y M. King (2001), «Evaluating the use of benzodiazepines following recent bereavement», *British Journal of Psychiatry* 178/1, pp. 36-41.
55. J. M. Cook, T. Biyanova y R. Marshall (2007), «Medicating grief with benzodiazepines: Physician and patient perspectives», *Archives of Internal Medicine* 167/18 (oct., 8), doi:10.1001/archinte.167.18.2006.

mando benzodiacepinas y les preguntaron por qué se las habían recetado. Un 20 por ciento dijo que inicialmente les habían recetado esos medicamentos porque estaban pasando por un duelo y que luego nunca dejaron de tomarlos. En promedio, llevaban casi nueve años tomando esas pastillas. Sabemos que recibir una terapia cognitivo-conductual para el insomnio (TCC-I) tiene menos efectos secundarios (y es un tratamiento efectivo).

Los médicos están dando recetas a los pacientes porque sienten empatía por su angustia y quieren hacer algo al respecto. Uno de los médicos entrevistados dijo: «La gente me llama y me dice que su hijo ha muerto, que su marido ha muerto... Y les doy benzodiacepinas inmediatamente. Quince pastillas, veinte pastillas, para un mes, por supuesto. Y si eso no es suficiente, la persona tiene que pedir cita y venir a verme. Son unos medicamentos maravillosos para eso». No estoy sugiriendo que nunca haya motivo para usar esos medicamentos potentes. Estoy sugiriendo que si la motivación es ser compasivos con el paciente, pero no hay ninguna evidencia de que eso los ayude a dormir mejor o a paliar su aflicción, la motivación y el comportamiento de recetar no están en sincronía.

No podemos obligarnos a dormir, de la misma manera en que no podemos obligarnos a superar nuestra aflicción. Lo que podemos hacer es dar oportunidades para que nuestros sistemas naturales se regulen otra vez, aunque incluso eso lleva tiempo. Vamos juntando lentamente las piezas de nuestra vida y desarrollamos nuevos hábitos, nuevos *zeitgebers* y una nueva compresión de lo que ha ocurrido. Una manera de ayudar a nuestro sistema natural del sueño es reforzando los ritmos regulares. Aunque no podemos obligarnos a dormir, podemos obligarnos a levantarnos a la misma hora todos los días, y ése es el más poderoso de los *zeitgebers*. Esa hora de despertar reinicia todo el ciclo circadiano y, con el tiempo, eso ayuda. Despertar a la misma hora todos los días ayuda incluso si nos sentimos cansados durante el día, obligándonos a levantarnos con el despertador, a pesar de haber dormido poco. De hecho, durante el duelo, nuestro cerebro es suficientemente listo para darnos lo que necesitamos, tomando una rebanada de cada una de las etapas del sueño. Roba un poco de tiempo del sueño profundo, un poco del sueño de movimientos oculares rápidos, o

REM, y un poco del sueño más ligero. Esto significa que, aunque dormimos menos en general, pasamos por todas las fases del sueño que necesitamos. Éste es otro ejemplo increíble de cómo el cerebro trabaja a nuestro favor en un nivel que no logramos comprender.

Insertar otras señales en el proceso del sueño, más allá de los medicamentos, tampoco es una buena idea. Un señor mayor cuya mujer había fallecido a causa de un cáncer de mama me dijo que empezaba a quedarse dormido en su sillón reclinable grande y cómodo delante de la tele, porque simplemente no era capaz de levantarse y enfrentarse a la cama marital. Cuando el sueño le ganaba en la noche, se sentía feliz de perder la consciencia. Pero quedarse dormido en el sillón no era la solución; más tarde se despertaba con el televisor encendido y tenía que hacer lo que tanto temía e ir al dormitorio. Sin la presión natural del sueño que llega al final del día (porque ese impulso biológico interno se agotaba mientras reposaba en su sillón), permanecía despierto en la cama, sintiéndose triste y solo, reforzando la asociación entre su cama y la aflicción. Cuando entendió mejor el sistema biológico del sueño, se puso como regla levantarse cuando empezaran las noticias de las diez y prepararse para ir a dormir, ya que a menudo se quedaba dormido en su sillón después de ver los titulares. Se lavaba los dientes durante la primera noticia y cuando llegaba la primera pausa para la publicidad, estaba listo para meterse en la cama. Aunque odiaba enfrentarse a las cosas que siempre le recordaban a su mujer en el dormitorio, se acostaba y el narcótico natural del sueño funcionaba la mayoría de las veces. Con el tiempo, empezó a temer cada vez menos ir a la cama y se sentía más seguro de que la rutina de acostarse no siempre estaba asociada a una oleada de aflicción.

Un río de gente

Hay un poema de Lawrence Tirnauer llamado *The Sleeples Ones*[56] que me gusta mucho. En ese poema, Tirnauer escribe acerca de estar des-

---

56. La traducción al castellano sería «Los insomnes». *(N. de la T.)*

pierto en la noche, dando vueltas en la cama, infeliz acerca de su estado. Él se pregunta cuántas personas estarán despiertas también, en ese estado torturado. Si todas ellas se levantaran en este instante y salieran de sus casas a caminar por las calles, Tirnauer imagina que un río de gente fluiría por ellas, todas unidas por su insomnio. Es hermoso.

Lo mismo que ocurre con el insomnio, ocurre con la aflicción. Esto es algo difícil de entender: hay aflicción en este mundo (no sólo la tuya) y sentirla en algún momento de tu vida es una de las reglas de la condición humana. Por otro lado, esto permite que cuando sintamos aflicción, cientos de personas que también la han sentido se unan a nosotros, desde tus ancestros hasta tus vecinos hasta unos perfectos desconocidos. Este río de gente puede entenderte y comprender tu aflicción particular, o no, pero todas esas personas han padecido la aflicción. No estás solo. Tan pronto como nos concentramos en la forma en que la aflicción se manifiesta en nosotros, tan pronto como nos obsesionamos con nuestra propia experiencia, nos desconectamos de las personas que nos rodean. Por otro lado, cuando nos centramos en la simple idea de que la aflicción existe y que nosotros somos parte de ella, encontramos conexiones. A veces nos sentimos avergonzados de nuestros fuertes sentimientos de aflicción, o nos sentimos enfadados por las reacciones de otras personas a nuestro estado de ánimo, o nos sentimos débiles o desorientados o preocupados, y así sucesivamente. Pero si podemos dejar de juzgarnos, si somos capaces d sentir compasión por nosotros mismos porque somos humanos y porque en esta vida humana hay aflicción, es posible que nos resulte más fácil conectar con otras personas también.

Éste es un aspecto de la cercanía, una dimensión que el cerebro utiliza. De la misma manera en que puedes llevar tu mente del pasado al presente, ¿podrías llevar tu mente de sentirse distante a sentir cercanía? Piensa en lo similar que eres a alguien que conoces. Ambos tenéis frustraciones. Ambos deseáis la felicidad. Ambos estáis atados a un cuerpo físico que siente dolor y achaques. El contenido de estas similitudes puede ser distinto, pero la experiencia humana se superpone. Piensa en esa fila de círculos que se superponen que vimos en el capítulo 2, la escala de inclusión del otro en uno. Quizás si movieras dos círculos como si fueran planetas en un modelo del sistema solar, lo que ves cambiaría. Si mueves la forma en que estás alineado para verlos, dos globos que ni siquiera se tocan podrían llegar a compartir el mismo espacio por tu cambio de perspectiva. Quizás otra persona y tú podríais ser consideradas como cercanas, si lo vemos desde otra perspectiva.

Hace unos años, conduje hasta Wyoming para ver el eclipse solar, un acontecimiento espectacular que tuvo lugar en medio del día. Por un breve momento pude ver que la Luna puede bloquear el espacio que hay entre el Sol y la Tierra. Desde mi perspectiva en la Tierra, vi cómo la oscuridad crecía mientras el círculo lunar se movía sobre el brillante círculo solar. Me maravilló la idea de que cuando todo se alineó de la manera correcta, pude ver que los planetas están cerca. Durante los momentos de aflicción, algunas personas sienten que la cercanía con las personas de su entorno es tan inusual como como un eclipse. Con atención, es posible cambiar nuestra perspectiva para sentir cercanía con otras personas en nuestro mundo. Si continuamos prestando atención al momento presente, siendo conscientes de la cercanía, o cambiando nuestra perspectiva, podemos ver que compartimos algo con cualquiera que haya amado alguna vez o que haya sentido aflicción. Y eso describe prácticamente a todo el mundo.

Entrar en nuestro interior

Los neuropsicólogos utilizan una prueba especial para determinar lo bien que puede el cerebro de una persona mover su atención entre tareas. En esta versión de «conectar los puntos», la persona que está siendo evaluada dibuja una línea de un punto al siguiente, en orden ascendente. La parte difícil es que tiene que ir de aquí a allá entre números ascendentes y letras ascendentes, o de 1 a A a 2 a B, y así sucesivamente. Buscar en toda la página un número y luego acordarte de cambiar rápidamente y buscar la siguiente letra es bastante difícil. La velocidad a la que la persona realiza la tarea está directamente asociada con la integridad de la red de control ejecutivo del cerebro. Específicamente, la cantidad de sincronización en la actividad cerebral de las regiones de la red de control está relacionada con la velocidad con la que la persona puede completar la tarea de conectar los puntos. O, dicho de otro modo, la sincronización de la red de control del cerebro está relacionada con lo bien que puede la persona mover su atención de una cosa a otra.[57]

La relevancia de esta capacidad de cambiar de tarea entra en juego cuando pensamos en alguien dejando de pensar en su aflicción y volviendo al momento presente. El neurocientífico David Creswell de la Universidad Carnegie Mellon ha estudiado a personas que se enfrentan un tipo de aflicción distinto: la pérdida de su empleo. Llevó a un grupo de personas desempleadas, que buscaban trabajo, a un retiro de tres días y les enseñó varios métodos de meditación. También realizó escaneos con neuroimágenes antes y después de los tres días. A la mitad de las personas se les enseñó a darse cuenta de lo que estaban experimentando, a nombrarlo y a luego dejar ir el pensamiento, y traer su conciencia de vuelta al momento presente. Las personas que recibieron esta intervención mostraron que, desde antes del retiro hasta después de él, evidenciaban una mayor sincronización entre la red de control ejecutivo y la red neuronal por defecto.[58] El grupo de la intervención mostró también un aumento en la conectividad después del retiro significativamente mayor que los miembros del grupo de control, a quienes se les dio clases de control del estrés, pero no se les enseñó a aumentar la conciencia del momento presente y a mover su atención. Esta conectividad entre redes podría ser una firma neuronal para la capacidad mejorada de mover la atención desde un estado por defecto, el cual incluye pensamientos sobre uno mismo centrados internamente hacia lo que está ocurriendo en el momento. Si no tenemos información sobre lo que está ocurriendo en el presente, la adap-

57. W. W. Seeley, V. Menon, A. F. Schatzberg, J. Keller, G. H. Glover, H. Kenna, *et al.* (2007), «Dissociable intrinsic connectivity networks for salience processing and executive control», *Journal of Neuroscience* 27, pp. 2349-2356.
58. J. D. Creswell, A. A. Taren, E. K. Lindsay, C. M. Greco, P. J. Gianaros, A. Fairgrieve, A. L. Marsland *et al.* (2016), «Alterations in resting-state functional connectivity link mindfulness meditation with reduced interleukin-6: A randomized controlled trial», *Biological Psychiatry* 80, pp. 53-61, http://dx.doi.org/10.1016/j.biopsych.2016.01.008

tación puede llevar más tiempo. Y puede ser necesario un tiempo mayor para aprender a vivir sin nuestro ser querido para poder vivir plenamente.

C. S. Lewis escribe: «No sólo vivo cada día interminable en la aflicción, sino que además vivo cada día pensando en vivir cada día en la aflicción». Al principio, muchas personas en duelo son incapaces de ser productivas, ya que la mente, el cerebro y el cuerpo están demasiado desregulados para funcionar adecuadamente sin nuestro ser querido. Pero con el tiempo, tenemos la oportunidad de aprender a responder a cada momento cuando se presenta. Podemos considerar lo que más nos conviene, los pros y los contras de pasar tiempo añorando el pasado. Podemos estar evitando lo que está ocurriendo en el presente, sin participar en lo que se puede ver, sentir y saborear en este instante. O es posible que simplemente no seamos conscientes de dónde está nuestra mente, en el hábito de dejar a la mente divagar a menos que algo capte nuestra atención, o a menos que estemos realizando una tarea que requiere concentración. Mover nuestra atención es más difícil de lo que parece. Requiere esfuerzo, especialmente al principio. Dado que nuestro cerebro genera pensamientos a un ritmo persistente, es poco probable que permanezcamos en el presente por mucho tiempo. Pero repetir esta técnica una y otra vez realmente producirá cambios en nuestro cerebro. Los estudios con neuroimágenes muestran que, cuando las personas practican nuevas formas de pensar (desde aprender meditación hasta asistir a una psicoterapia), los patrones de activación en su cerebro cambian. Es una idea extraordinaria que el contenido de nuestros pensamientos, o dónde ponemos nuestra atención, cambia el disco duro del cerebro, la conexión de nuestras sinapsis. Éste es un proceso dinámico. Nuestras conexiones neuronales generan el contenido de nuestros pensamientos y, al mismo tiempo, nuestra forma de guiar el contenido de nuestros pensamientos cambia esas mismas conexiones neuronales.

Esto me recuerda una analogía que hizo una amiga mía que es masajista. Ella me dijo que cree que su trabajo no sólo es reducir mecánicamente la tensión en los músculos. La clave está en llevar la atención de sus clientes a lugares específicos en el cuerpo para permitir que ellos mismos relajen sus propios músculos. Su rol es guiar la atención; el cambio lo realiza internamente el cliente. ¿Qué podemos usar para acordarnos que debemos traer la atención al presente?

Una manera de notar explícitamente que estamos en el presente mientras nuestros pensamientos están centrados en la persona que hemos perdido hace uso de las conmemoraciones. Las conmemoraciones pueden ser un único evento, pero en muchas culturas se realizan rituales diarios o semanales para conectar nuestro comportamiento externo con nuestros pensamientos internos sobre nuestro ser querido. Encender una vela es un ejemplo común; el acto de encender una cerilla, la observación mental de nuestra actividad en el presente, unidos al hecho de pensar en nuestro familiar o amigo; todas estas cosas nos recuerdan que, mientras estamos en el presente, siempre estamos incorporando aspectos de nuestro pasado.

Hay otros rituales que son menos obvios. Hace muchos años, murió nuestro gato. Ésa fue mu primera relación a largo plazo con un animal, la primera vez que sentí tristeza por ese tipo de relación especial. Después de su muerte, empecé a comprar flores. Eso no había sido posible mientras vivía, porque inevitablemente las encontraba, se las comía y luego vomitaba por toda la casa. Durante mucho tiempo, yo no lograba entender por qué era importante para mí continuar comprando flores. Mi motivación parecía ser aun más extraña, incluso para mí, porque mirar las flores me resultaba un poco doloroso, ya que me hacían recordar su ausencia. Pero también disfrutaba de ellas, con sus pétalos delicados y su maravilloso aroma. Con el tiempo, me di cuenta de que me encantaba tener a mi gatito en mi vida, pero que eso no significaba que, cuando él vivía, yo no echara de menos tener flores en casa. En el presente, disfrutaba de poder tener flores, aunque me recordaran que él ya no estaba conmigo. Ése no era un trueque fácil; yo no podía elegir entre esas dos cosas, como si fueran opciones. Era simplemente la realidad del momento presente en el que me encontraba. Siempre hay algunos aspectos de la realidad que disfruto y otros que no. No puedo pretender que las cosas sólo eran buenas cuando mi dulce gato vivía. Comprar flores era una manera de recordarme que estoy aquí ahora, y realmente quiero ser parte del ahora, con flores y recuerdos de él y todo junto.

Pensamientos de una mente que divaga

El neurocientífico Noam Schneck, de la Universidad de Columbia, publicó varios ensayos a finales de la década de 2010 en los que abordaba algunos de los difíciles problemas para comprender la forma en que el cerebro procesa la aflicción. Schneck emplea la decodificación neuronal, una nueva técnica en la neurociencia. Este método utiliza algoritmos muy sofisticados para buscar «huellas digitales» en la actividad cerebral que ocurren cuando tenemos un pensamiento sobre algo específico. Así es como funciona: Schneck pide a los participantes que piensen en su ser querido fallecido mientras están siendo escaneados. Les ayuda a producir estos pensamientos mostrándoles cosas que les recuerden a esa persona, incluyendo fotografías e historias. A esto lo llamaremos tarea de fotos/historias. Los participantes también ven historias y fotos de un extraño, como la condición de control que hemos visto en otros estudios. Después del escaneo, un ordenador identifica los patrones de activación del cerebro que son únicos en los pensamientos sobre la persona fallecida, o la huella digital del pensamiento relacionado con la persona fallecida, comparado con los pensamientos activados por el desconocido. Dado que estos patrones son hallados por un ordenador, la técnica se denomina aprendizaje automático. Más específicamente, aprendizaje automático es cuando el ordenador «aprende» a identificar el contenido del pensamiento observando los patrones en un conjunto de datos. Luego el ordenador es «evaluado» viendo si es capaz de usar ese mismo patrón en un conjunto de datos distinto para predecir con exactitud el mismo contenido del pensamiento. En el estudio de Schneck, el patrón de activación cerebral, la huella digital neural de los pensamientos relacionados con la persona fallecida incluía una activación en regiones del cerebro que hemos encontrado antes en estudios sobre la aflicción. Éstas incluían los ganglios basales, el barrio en el que puedes encontrar al núcleo accumbens.

Lo asombroso acerca de este proceso de aprendizaje automático es que, una vez que Schneck había identificado la huella digital neural de los pensamientos relacionados con la persona fallecida, podía utilizar esa misma huella digital para buscar pensamientos sobre la persona fallecida durante una tarea con neuroimágenes distinta. Los participantes también realizaban una tarea de atención sostenida, una tarea tan aburrida que normalmente hace que la mente divague. Las personas están tumbadas en un escáner durante diez minutos, presionando un botón cada vez que aparece un número, a menos que el número sea 3. Como podrás imaginar, ésta no es una actividad muy absorbente, y al poco tiempo, las mentes de los participantes se dirigían hacia otros pensamientos, tal como esperaban los investigadores. Cada treinta segundos, aproximadamente, les preguntaban a los participantes si estaban pensando en su ser querido fallecido.

Schneck y sus colegas querían saber si la huella digital neural identificada en la tarea de fotos/historias podía predecir con precisión cuándo los participantes estaban pensando en su ser querido fallecido durante la tarea de atención sostenida. Efectivamente, la firma neural que el algoritmo de aprendizaje automático produjo en la primera tarea fue capaz de predecir con una precisión «superior al azar» cuándo los participantes decían que estaban pensando en la persona fallecida en la segunda tarea.

Antes de que decidas que esto es demasiado aterrador, o que los neurocientíficos están tratando de leer las mentes, recuerda que no hay forma de encontrar las huellas digitales neurales de los pensamientos sin el permiso de la persona. La persona te tiene que decir cuándo está pensando acerca de algo en particular para poder crear un conjunto de datos de los que el ordenador puede aprender, lo cual requiere que los participantes colaboren de buena gana. Y la decodificación neuronal, aunque es impresionante, ni siquiera se acerca a una precisión del 100 por cien. Los pensamientos son experiencias conscientes, y las huellas digitales neurales de esos pensamientos sólo pueden ser aprendidas por un ordenador si la persona proporciona mucha información. Ningún investigador puede adivinar lo que alguien está pensando, a menos que el participante esté tratando de ayudarlo activamente a hacer coincidir lo que está pensando en el momento con los mapas de activación cerebral.

Entonces, ¿con cuánta frecuencia se centraban los pensamientos de las personas en duelo en la tarea que estaban realizando en el momento? Los resultados del estudio con neuroimágenes realizado por Schneck reveló que durante la tarea de atención sostenida (cuando las mentes de las personas solían divagar), el 30 por ciento de las veces estaban pensando en su ser querido fallecido. En la vida real, durante los primeros días del duelo, el intento de realizar una tarea suele ser interrumpido por pensamientos acerca del ser querido fallecido. Éste es el resultado más interesante del estudio: cuantas más veces aparecía en la actividad cerebral la huella digital neural del pensamiento relacionado con la persona fallecida, más frecuentemente el participante evitaba pensar en la persona fallecida o en su aflicción en la vida cotidiana. Por lo tanto, cuanto más trataban de evitar pensar en esa persona, más pensaban en ella inintencionadamente durante la divagación de la mente. Basándonos en esto, vemos que, aunque la evitación cognitiva puede ser una estrategia que utilizan las personas en duelo para sentir alivio de los frecuentes y dolorosos pensamientos sobre su pérdida, una mayor evitación también trae consigo un mayor número de pensamientos intrusivos. Suprimir los propios pensamientos está relacionado, irónicamente, con un repunte de esos pensamientos. Tenemos que descubrir nuevas estrategias para ayudar a las personas en duelo a controlar sus pensamientos dolorosos en el presente, dado que la evitación no les ayuda mucho a la larga.

El procesamiento inconsciente de la pérdida

El primer estudio que Schneck dirigió se centró en los pensamientos conscientes comunicables sobre la persona fallecida, incluso cuando ocurrían mientras intentaban hacer alguna otra cosa. El segundo estudio que Schneck realizó fue más interesante aún. Su objetivo era entender más acerca del procesamiento inconsciente de la pérdida. Para los pensamientos conscientes, podía simplemente preguntar a la gente en qué estaba pensando. Pero para estudiar el procesamiento inconsciente, tenía que encontrar una manera de buscar una huella digital neural que no se basara en lo que las personas le decían. El procesamiento inconsciente es similar a lo que consideramos en el capítulo 1: el cerebro aprende acerca de la ausencia de tu ser querido mediante la experimentación de tu nuevo mundo a lo largo del tiempo y con la experiencia. Supongamos que te das cuenta de que ya no abres el cajón de calcetines de tu marido después de hacer la colada; este nuevo comportamiento se ha desarrollado debido a una gran cantidad de procesamiento de experiencias repetidas. No siempre necesitamos realizar un trabajo de duelo o concentrarnos deliberadamente en la pérdida, porque el cerebro está aprendiendo y adaptándose, incluso cuando no somos explícitamente conscientes de ello. Una estudiante de posgrado que trabaja conmigo, llamada Saren Seeley, compara esto con la forma en que un ordenador ejecuta programas en segundo plano cuando estas escribiendo un documento en la pantalla. Esos programas invisibles en segundo plano están haciendo posible que realices la tarea en cuestión. Sin embargo, no hay límite a cuántos recursos puede asignar un ordenador a esos programas en segundo plano antes de que la tarea que estás tratando de realizar se detenga.

En el segundo estudio, Schneck buscaba una huella digital neural para el procesamiento inconsciente de la pérdida observando a los participantes cuando éstos bajaban el ritmo al ver cosas que les recordaban a la persona fallecida. Estoy segura de que has observado cuántas cosas en tu entorno te recuerdan a tu ser querido cuando estás llorando su pérdida, y todas esas cosas te distraen. El decodificador neural de Scheck comparaba la huella digital del cerebro distraído por palabras relacionadas con la persona fallecida en una tarea de tiempo de reacción, en comparación con el procesamiento más veloz de otras palabras. El ordenador buscaba patrones de activación cerebral que distinguían esa diferencia en la atención selectiva. En este segundo estudio, el ordenador no estaba tratando de encontrar pensamientos específicos acerca de la persona fallecida con sus algoritmos; simplemente estaba intentando encontrar la ralentización del tiempo de reacción cuando el cerebro estaba prestando atención a las palabras relacionadas con la persona fallecida. Ésta es la gracia: una mayor ralentización, o un mayor procesamiento inconsciente de la pérdida al realizar otras tareas, estaba vinculada a una menor cantidad e intensidad de síntomas de aflicción. Una mayor cantidad de huellas digitales neurales de esta incubación inconsciente estaba vinculada a una mejor adaptación. No tenemos ningún control sobre nuestros pensamientos inconscientes, ¡pero es interesante que esto que funcione así! Resumiendo, lo que Schneck halló en estos dos estudios fue que los pensamientos conscientes, intrusivos, acerca de la persona fallecida estaban vinculados a una mayor aflicción. Evitar esos pensamientos estaba asociado con una mayor ocurrencia de ellos. Por otro lado, el procesamiento inconsciente estaba asociado con una menor aflicción. De manera que, mientras que es posible que los pensamientos conscientes que te distraen no te ayuden (aunque quizá sean inevitables), los pensamientos inconscientes que tienes mientras la mente divaga parecen ayudar.

Las personas en duelo que usan la evitación parecen estar filtrando su procesamiento mental inconsciente para impedir que los pensamientos sobre el ser querido fallecido entren en su percepción consciente. Schneck compara esto a usar un bloqueador de ventanas emergentes ineficiente. Filtrar los pensamientos que nos llegan funciona hasta cierto punto, e inicialmente bloquea los elementos emergentes. Pero con el tiempo el sistema se sobrecarga y al final los elementos emergentes logran pasar. La ciencia del duelo tiene un largo camino que recorrer para entender la relación entre el procesamiento consciente e inconsciente de la aflicción. Son necesarios muchos más estudios para entender la forma en que tanto la evitación como la rumiación pueden provocar, y mantener, un trastorno del duelo prolongado. Pero la dedicación de neurocientíficos jóvenes e inteligentes a la neurobiología de la aflicción me anima a pensar que estamos en el camino hacia un descubrimiento.

El amor

Cuando un ser querido muere, claramente ya no está con nosotros en el mundo físico, lo cual es patente cada día. Por otro lado, esa persona no se ha ido, porque está con nosotros en nuestro cerebro y en nuestra mente. La composición física de nuestro cerebro –la estructura de nuestras neuronas– ha sido cambiada por ellas. En este sentido, se podría decir que una parte de la persona fallecida continúa viviendo físicamente. Esa parte son las conexiones neurales que sobreviven en forma física incluso después de la muerte de nuestro ser querido. Pero no están del todo «ahí fuera» y no están del todo «aquí dentro». No eres uno y no eres dos. Esto se debe a que el amor entre dos personas, esa propiedad inequívoca pero normalmente indescriptible, ocurre *entre* dos personas. Una vez que conocemos el amor, podemos traerlo a nuestra conciencia, podemos sentir cómo emerge y emana de nosotros. Esta experiencia va más allá del amor por la persona de carne y hueso que conocimos en este plano terrenal. Ahora amar es un atributo nuestro, independientemente de con quién lo compartimos, independientemente de lo que recibamos a cambio. Ésta es una experiencia trascendente, el sentimiento de amar sin la necesidad de recibir nada a cambio. En los mejores momentos que pasamos juntos, aprendimos a amar y a ser amados. Debido a nuestra experiencia de unión, ese ser querido y ese amor ahora son parte de nosotros, y podemos invocarlos y actuar basándonos en ellos cuando lo deseemos en el presente y en el futuro.

CAPÍTULO 10

Proyectar el futuro

Un viernes del año 2002, Ben, un niño de dos años, se encontraba en casa con su madre, Jeannette Maré, su hermano mayor y un amigo. De repente, sus vías respiratorias se hincharon y se cerraron y, a pesar de todos los esfuerzos realizados, ese viernes se convirtió en el último día de la vida de Ben. Jeannette cuenta que mientras ella y su familia trataban de adaptarse a su nueva realidad, el dolor que sentían era indescriptible. Empezaron a trabajar con arcilla como una forma de afrontar lo ocurrido, y crearon, junto con sus amigos, cientos de campanas de cerámica en el garaje de su casa. En el aniversario de la muerte de Ben, colgaron las campanas de forma aleatoria por todo Tucson, en las cuales había mensajes escritos que la gente podía llevarse a casa para compartir el cariño.

Jeannette dice que se dio cuenta de que lo que la ayudaba a llegar al final de día a día era su comunidad, sus amigos tan queridos, y quiso encontrar una manera de transmitir ese cariño, de ayudar a otras personas que lo necesitaran. A partir de esta trágica situación nació Ben's Bells (las campanas de Ben), una misión sin fines de lucro «para enseñar a las personas y a las comunidades el impacto positivo que tiene la amabilidad intencionada y para inspirarlas a practicar la bondad como una forma de vida». Actualmente, Ben's Bells imparte cursos de amabilidad intencionada, desde la guardería hasta la universidad, y el efecto ha sido magnífico. Al pasar por cualquier escuela en Tucson, uno ve un mural de azulejos verdes que dice «Sé amable». Por toda la ciudad, los coches llevan pegatinas verdes con la forma de una flor en las que está escrito «Sé amable» en el centro. Dar o recibir una de esas campanas hechas a mano, coronadas con una flor de cerámica, es un acto sagrado.

Ben's Bells ha tenido un gran impacto porque nació de algo muy real que puede ocurrir durante el duelo. No todo lo que la gente le decía a Jeannette era amable o útil. A menudo, eran palabras que le hacían daño, incluso cuando se las decían con las mejores intenciones. En mi caso, me paso la vida pensando en el duelo y, sin embargo, todavía me estremezco cuando pienso en las cosas que les he dicho a personas en duelo. Es muy difícil saber qué decir, y a menudo nos equivocamos.

Jeannette tiene experiencia en la comunicación y su formación la ayudó a ver que necesitamos hablar acerca de *cómo* ser amables. Para saber lo que resulta «amable» para una persona en duelo hay que ser conscientes de cómo es la aflicción, y Jeannette no huye de las conversaciones difíciles, ni de una explicación honesta de lo que se siente al estar afligido. La persona en duelo puede estar triste, o enfadada, y ésa es una respuesta natural a una pérdida. Para las personas de su entorno, animarla no es la meta. La meta es estar con ella. Jeannette también se dio cuenta de que lo que importaba era lo que las palabras transmitían, más que las palabras en sí mismas. Ella quería ayudar a las personas a entender que lo importante es escuchar realmente lo que la persona en duelo está sintiendo y en qué etapa se encuentra. Incluso decir que no sabes qué decirle, pero que la amas y que vas a estar ahí cuando te necesite es vulnerable y poderoso. La práctica de dar un regalo, como una campana, crea una oportunidad para reflexionar acerca de cómo dar, cómo estar presente, cómo ser amable. Debido a la experiencia de Jeannette con la aflicción, y a su sinceridad acerca de su propia experiencia, ella transformó las experiencias dolorosas y las experiencias de apoyo en un programa que nos permite a todos beneficiarnos de la vida de Ben, a pesar de que no lo conocimos. La vida de Ben ha tocado a muchas muchas personas. Ésta no es la vida que Jeannette imaginó que viviría, pero su vida ha sido restaurada.

La aflicción y el duelo

Como dije en la introducción de este libro, la aflicción es distinta al duelo. La aflicción es un estado emocional doloroso que surge de forma natural y luego desaparece, una y otra vez. Las personas pueden pensar que la aflicción «ha llegado a su fin» cuando las oleadas ocurren con menor frecuencia, o con menos intensidad. Y están en lo cierto en este sentido: si el objetivo es sufrir unas oleadas de dolor menos intensas y frecuentes, es probable que esa reducción se dé de una forma natural a lo largo del tiempo, con la experiencia. Por otro lado, si con el paso del tiempo la persona en duelo no experimenta una disminución de la intensidad y la frecuencia tal como esperaba, puede empezar a rumiar no sólo sobre su pérdida, sino también sobre su reacción a ella. Es posible que empiece a preguntarse, ¿Mi aflicción es normal? Los demás esperan que «siga adelante» con mi vida, pero yo no siento que lo esté haciendo. ¿Significa eso que siempre me sentiré así? Este tipo de monitoreo tiene el desafortunado efecto de mantener la aflicción en el primer plano de la mente, lo cual puede intensificar y prolongar tu reacción de aflicción en lugar de permitir que se vuelva menos dolorosa con el tiempo.

Por otro lado, creo que la mayoría de las personas en duelo esperan algo más que una disminución de la intensidad y la frecuencia de las oleadas de aflicción cuando piensan que su duelo podría haber «llegado a su fin». Recuperar una vida plena puede ser una mejor definición, apuntando hacia la adaptación, lo cual creo que es más exacto que pensar que la aflicción ha «llegado a su fin». Una vida con sentido implica mucho más que simplemente el fin de las frecuentes e intensas oleadas de aflicción. Si uno cree que la única manera de tener una vida con sentido es estar con la persona que ha fallecido, ese objetivo nunca podrá ser alcanzado. En lugar de eso, es posible que uno tenga que renunciar a esta forma específica de alcanzar el objetivo de tener una vida con sentido, elaborando en otros caminos. Afrontémoslo: esto es simplemente difícil.

Es más probable que alcances tu objetivo si consideras que tu vida tiene sentido de muchas maneras. Esto requiere tener una gran valentía y flexibilidad. Requiere que tu cerebro aprenda nuevas cosas, ayudado por la atención a lo que realmente encuentras que tiene sentido y es satisfactorio en el presente. Pero este cambio sólo puede conducir a una vida de amor, libertad y satisfacción, aunque sea una vida distinta a la que tenías antes. El duelo es un cambio en el que uno deja de esperar que sus necesidades de apego sean satisfechas por el ser querido fallecido y empieza a satisfacerlas de otras maneras sistemáticamente. Eso no quiere decir necesariamente que sean satisfechas por otra persona. Tener una vida con sentido no es lo mismo que volver a casarte o tener otro hijo. De hecho, esas relaciones pueden distraerte de buscar una vida con sentido si se interponen en tu camino hacia tu objetivo.

Además, lo que constituye una vida con sentido probablemente ha cambiado debido a tu encuentro cercano reciente con la mortalidad. La muerte tiene una forma brutal de aclarar para nosotros lo que tiene sentido. Esta aclaración puede conducirnos al descubrimiento de que nuestras actividades cotidianas no están relacionadas en absoluto con nuestros valores. Darse cuenta de esto es frustrante y deprimente, y puede provocar una gran conmoción si estamos dispuestos a cambiar nuestra vida cotidiana para perseguir los nuevos valores que acabamos de descubrir. Es posible que estemos menos dispuestos a escuchar a una compañera de trabajo hablarnos del drama de su vida si sentimos que hacerlo es falso y no tiene sentido. Es posible que no nos importe tanto la etiqueta en un evento familiar, a la luz de los acontecimientos recientes. Este descubrimiento de desajuste entre nuestros valores y las minucias del día a día puede hacer que nos sintamos contrariados ante las situaciones en las que nos encontramos, o que no sintamos miedo de expresar emociones fuertes o perseguir nuevas metas. Pero no vivimos en un vacío. Estas emociones o estos cambios en nosotros no son fáciles para nuestros seres queridos que están vivos, pues se tienen que adaptar a ellos, y es posible que haya fricción con ellos como consecuencia de nuestra nueva percepción y nuestras nuevas prioridades. Algunas personas en duelo descubren que toda su agenda de direcciones ha cambiado. Durante el duelo, a veces redefinimos nuestra identidad basándonos en lo que el cerebro está aprendiendo acerca de nuestro nuevo mundo y lo que disfrutamos o consideramos que vale la pena. Si nuestra identidad es un círculo que se superpone con alguien que ya no está aquí, ¿debería parecernos tan sorprendente que cambiemos sin su influencia constante, o que necesitemos redefinir y actualizar lo que buscamos y nuestras circunstancias?

¿Cuál es el plan?

Al parecer, la capacidad de imaginar nuestro futuro, un futuro nuevo y desconocido que ya no incluye a nuestro ser querido fallecido, utiliza una red cerebral similar a la utilizada para recordar nuestro pasado. Esto puede sonar extraño, pero el neurocientífico cognitivo canadiense Edward Tulving mostró que nuestra habilidad para viajar en el tiempo, tanto hacia adelante como hacia atrás, comparte algunas características importantes. Como dijimos en capítulos anteriores, los recuerdos son lo que ocurre cuando nuestro cerebro reproduce la actividad neuronal que fue generada durante el evento original. Esto crea una percepción del evento, un recuerdo, con el conocimiento de que uno lo está recordando en el presente. Imaginar el futuro es también una recombinación de posibles fragmentos de un episodio, con el conocimiento de que podría ocurrir en el futuro. Para que la proyección virtual en el futuro sea plausible, el cerebro se apoya en cosas que ya has experimentado y que podrías volver a experimentar, combinándolas de maneras novedosas.

Hace un tiempo, fui a Las Vegas para celebrar los cincuenta años de una de mis amigas. Recuerdo cómo era mi habitación del hotel y puedo imaginarme caminando desde la ventana hacia el gran baño, pasando junto a la cama. Recuerdo el increíble sabor de un batido que bebí y el espectáculo visual de una función del Cirque de Solei al que asistimos. Recuerdo lo que llevaba puesto en la cena de cumpleaños de mi amiga y haber sacado de la maleta esa ropa en la habitación del hotel. Esto me ayuda a imaginar unas potenciales vacaciones que me gustaría tomarme en el futuro. Puedo considerar el tamaño de la habitación del hotel que me gustaría reservar y si quiero una ventana que mire hacia el centro de la ciudad. Quizás haga una reserva en un restaurante que sirva batidos cremosos. Es posible que piense en qué espectáculos me gustaría ver y anticipar lo que mis amigos también encontrarían entretenido, como espectáculos visuales en lugar de cantantes de salón. Al planear deshacer la maleta, podría probarme mentalmente varios atuendos y considerar cuáles serían más adecuados para el clima, la estación del año y las actividades que realizaré. Considerado así, se pueden ver las similitudes en el proceso de recordar algo e imaginar un evento en el futuro.

Los neurocientíficos han descubierto dos pruebas concluyentes de la idea de que la retrospección y la prospección comparten maquinaria neurológica. En primer lugar, cuando se escanea el cerebro de las personas mientras éstas recuerdan su pasado e imaginan su futuro, hay una superposición significativa en las regiones del cerebro utilizadas para esas dos funciones mentales. En segundo lugar, cuando las personas tienen dificultad para recordar cosas que les ocurrieron en el pasado, también tienden a tener dificultad para imaginar el futuro y lo que podrían hacer.

Entender cómo funciona el cerebro cuando las regiones fundamentales no están intactas nos enseña cómo funciona también en las personas que tienen una memoria normal. Tulving estudió a un famoso paciente llamado K. C., quien tenía un déficit en la capacidad para recordar el pasado autobiográfico y para pensar en el futuro. K. C. había sufrido una lesión en la cabeza en un accidente de motocicleta, el cual tuvo unas consecuencias muy concretas en su funcionamiento mental. K. C. conservaba su inteligencia, su capacidad de cambiar su foco de atención, y sus habilidades lingüísticas. Tenía una memoria a corto plazo normal, lo cual significa que podía recordar algo que se le había mostrado recientemente. Sus conocimientos generales sobre el mundo, el tipo de conocimiento llamado conocimiento semántico, también era bueno. Podía identificar su coche, su hogar de la infancia y a los miembros de su familia. Sin embargo, no lograba recordar ni una sola experiencia asociada a cualquiera de esos objetos o personas. Sabía que le pertenecían, pero no era capaz de describir ningún recuerdo que los incluyera. Tulving también evaluó la capacidad de K. C. de pensar en su futuro. Si le preguntaba qué iba a hacer al día siguiente, K. C. no era capaz de responder a esa pregunta. Decía que no lo sabía y que su mente estaba en blanco, de una manera similar a la forma en que su mente se ponía en blanco cuando trataba de pensar en cosas que habían ocurrido en el pasado. Para recordar nuestro pasado y para imaginar nuestro futuro utilizamos la misma maquinaria neural, y ese aspecto del cerebro de K. C. estaba dañado, lo cual producía deficiencias en su capacidad de hacer ambas cosas.

Parte del pasado, parte del futuro

La capacidad de recordar el pasado y de imaginar el futuro tiene una aplicación específica para las personas con un duelo complicado. Cuando los psicólogos de Harvard Don Robinaugh y Richard McNally evaluaron la capacidad de las personas de recordar cosas personales, descubrieron que aquellas que tienen una mayor dificultad con la aflicción también tienen una mayor dificultad recordando detalles específicos de su propio pasado, a menos que los recuerdos incluyan al ser querido fallecido. Asimismo, tienen dificultad para imaginar detalles de hechos futuros, a menos que imaginen un futuro hipotético en el que visualizan hechos en los que la persona fallecida todavía está viva.

Para determinar esto, Robinaugh y McNally le pidieron a un grupo de personas en duelo que se estaban adaptando de una forma resiliente y a un grupo que tenía un duelo complicado que imaginaran cuatro situaciones con tantos detalles como les fuera posible. Les explicaron a los participantes la diferencia entre recordar hechos más generales y episodios específicos autobiográficos. Los hechos generales incluían aquellos que ocurrieron en un período largo, como el verano después de acabar el instituto; hechos que ocurrían con regularidad, como la clase de Biología en la secundaria; y conocimientos generales sobre el propio pasado, como el nombre del instituto al que habían acudido. Los recuerdos episódicos específicos incluían detalles acerca de acontecimiento como la ceremonia de graduación del instituto. Estos diferentes tipos de recuerdos se almacenan de una forma distinta en el cerebro. A cada participante se le pidió que recordase o imaginase un hecho en respuesta a indicaciones como exitoso, feliz, dolido o arrepentido; en la mitad de ellos estaba presente la persona fallecida y en la otra mitad no. Las personas que se estaban adaptando de una forma resiliente no mostraron ninguna diferencia entre la capacidad de generar un recuerdo específico del pasado o imaginar un hecho en el futuro, independientemente de si ese hecho incluía al ser querido fallecido o no. Sin embargo, las que tenían un duelo complicado generaron menos hechos específicos recordados o imaginados si no incluían a la persona fallecida.

Robinaugh y McNally también evaluaron la memoria funcional de los participantes. Esta habilidad, ser capaz de mantener cosas en la mente, es necesaria tanto para recordar como para imaginar. Las personas que tienen un duelo complicado tienen más probabilidades de recordar hechos específicos en los que estaba presente la persona fallecida porque cuando se les pregunta si esa persona ha estado mucho en su mente, ésos son los recuerdos de los que hablan. Cuando se les pide que piensen en alguna ocasión en la que no estaba presente el ser querido fallecido, tienen que hacer un gran esfuerzo para pensar en algo que no lo incluya. De hecho, el test de la memoria funcional corroboró esto. El menor número de recuerdos específicos sin la persona fallecida los generaron quienes tenían un duelo complicado y una memoria funcional menos buena, posiblemente porque pensar en recuerdos que no incluyan a la persona fallecida requiere de un mayor esfuerzo para ellos.

¿Por qué las personas con un duelo complicado tienen más recuerdos con su ser querido fallecido? Y lo que es más extraño aún, ¿por qué les resulta más fácil imaginar hechos futuros en los que está presente esa persona? Hay al menos dos posibles razones. Una de ellas es que, si estamos pensando a menudo en esa persona, es más probable que los ingredientes que constituyen un recuerdo la incluyan y, por lo tanto, sea más accesible cuando se nos pide que hablemos de un recuerdo. El otro motivo es que si nuestra propia identidad se superpone con la de la persona fallecida (por ejemplo, cuando piensas en ti misma como «su esposa»), entonces es más probable que nos imaginemos a nosotros mismos en un pasado o un futuro incluya también a esa persona. Si la naturaleza misma de nuestro yo implica que tenemos un marido, entonces, cuando imaginamos el futuro, él está presente. Y es fácil ver por qué sentimos que nos falta una parte de nosotros después de la muerte de nuestro marido si nuestra identidad integra el concepto de «esposa» como parte del «yo». Por otro lado, si hay muchos aspectos de nuestra identidad que no están relacionados con la persona fallecida, como «hermana» o «supervisor», entonces los hechos que nos vengan a la mente probablemente no la incluirán.

La recuperación

Recuperar una vida con sentido es la mitad del modelo de proceso dual de hacer frente al duelo. Para recuperar una vida con sentido, tenemos que ser capaces de imaginar esa vida. La incapacidad de generar posibles eventos futuros es el núcleo de toda desesperanza. Tenemos que ser capaces de imaginar el futuro, al menos lo suficiente como para hacer planes, aunque sea para el próximo fin de semana. A menudo escucho a los adultos mayores viudos decir que las noches y los fines de semana son los peores momentos para ellos, pues es cuando se sienten más solos, porque todos los demás tienen cosas que hacer y personas con las que hacerlas.

Si el duelo es una especie de aprendizaje, eso significa que los sábados y los domingos podemos ver lo buena que ha sido nuestra planificación para el fin de semana. Podemos evaluar si realmente disfrutamos de nuestros planes y encontramos que tenían sentido, y si nos permitieron tener una semana productiva después. Durante el duelo, éste es un proceso de prueba y error. Hacemos un plan, pero no somos capaces de imaginar del todo cómo irán las cosas, ahora que somos viudos o huérfanos y nos sentimos alejados de las personas que nos rodean. Afortunadamente, tenemos experiencia de vida y tenemos una cierta intuición. No, no quiero ir a un concierto de rock hasta altas horas de la madrugada. Sí, necesito ver a alguien durante el fin de semana o me sentiré muy solo y deprimido. ¿Pero significa eso que tengo que hacer un viaje en carretera para visitar a un conocido? ¿O preferiría pasar un rato con un amigo, tomando un café? Estas elecciones pueden ser menos claras. No obstante, si hacemos un plan y lo llevamos a cabo a pesar de nuestra incertidumbre, obtenemos información. Cuando yo estaba en duelo, aprendí que prefería ir a hacer la compra del supermercado los sábados a primera hora de la mañana porque, por lo general, tenía muy poca motivación para hacerlo y muy poco apetito, y si lo dejaba para última hora, acababa comiendo cereales durante toda la semana.

La recuperación es incluso más importante cuando imaginamos las fiestas que se aproximan. Las fiestas son una época especialmente difícil para las personas que están en duelo, porque la naturaleza ritual de los eventos de las fiestas nos trae recuerdos, y su naturaleza social enfatiza la ausencia de aquellas personas con las que solíamos celebrarlas. Hacer planes para las fiestas significa que debes imaginarte sin tu ser querido, y muchas de las personas que están pasando por un duelo incluso evitan pensar en los planes para las fiestas. Mi madre murió un 31 de diciembre, y mi maravillosa familia política nos invitó a mi hermana, a mi padre y a mí a ir a Texas en las Navidades siguientes. Ninguno de nosotros podía imaginar cómo sería exactamente eso, pero pensamos que queríamos estar en un lugar donde hubiera menos cosas que nos recordaran a mi madre, al menos el primer año. (En el primer año, especialmente, hay mucha prueba y error). En este caso, ir a visitar a mi familia política fue una buena decisión para mi familia. La clave está en averiguar cuál es la que funciona y cuál es la que no, de manera que ese conocimiento pueda aplicarse a las siguientes fiestas. Y las siguientes, y las siguientes, porque seguirá habiendo fiestas, año tras año. Ciertamente, también debes tener presente que como te vaya en el primer año de duelo, y cómo le vaya a tu familia, es distinto a cómo te irá en el segundo año, y no se aplican las mismas reglas. La buena noticia es que, si estamos prestando atención al presente, recordando el año anterior, y planeando cosas intencionadamente, podemos tener mejores fiestas y nuevas experiencias; no siempre van a ser necesariamente alegres, pero al menos serán satisfactorias. Incluso si al final disfrutas menos de lo que esperabas, había una razón, una intención detrás de lo que hiciste: lo estás intentando; estás saliendo al mundo, aprendiendo a llevar a la otra persona dentro de ti; aprendiendo a escuchar a los demás, no sólo a las voces en tu cabeza; y estás creando nuevos recuerdos, poniéndote a prueba en nuevas experiencias (y sobreviviendo).

El futuro de nuestra relación

Todos los días vivimos en un futuro que ha cambiado, y nuestra identidad cambia mientras sobrevivimos y, con el tiempo, incluso florecemos después de nuestra experiencia de duelo. ¿Es posible, entonces, que nuestra relación con nuestro ser querido fallecido también cambie? Yo diría que, durante más de una década después de la muerte de mi madre, mi relación con ella se mantuvo casi igual. Por momentos me sentía abrumadoramente culpable por no haber sido una mejor hija y no haberla ayudado a sentirse mejor en el día a día, por momentos me sentía enfadada por la forma en que ella me había criado, y por momentos me sentía deprimida por lo que todo ello significaba en el desarrollo de mi vida. Me consideraba un producto de sus genes, de su crianza controladora y de mi propia necesidad incesante de solucionar el sufrimiento de todo el mundo. Se necesita tener una gran habilidad para manejar las reacciones emocionales fuertes, y en mi veintena y treintena yo no las tenía. Luego, durante mucho tiempo, esos sentimientos fueron reduciendo su intensidad, aunque yo diría que continuaron influyendo en mi forma de ver el mundo.

Veía a mis amigos que también estaban llegando a los cuarenta y, en el caso de algunos de ellos, el hecho de convertirse en profesionales, en madres o padres, y adquirir una mayor experiencia de vida, cambió sus relaciones con sus madres, que todavía estaban vivas. Vi a mis amigos volverse más compasivos con los estados de ánimo y la idiosincrasia de sus madres. Vi cómo se tornaban más agradecidos por los sacrificios que ellas habían hecho para darles una educación, autoestima o un hogar estable. Por primera vez, experimenté la aflicción de una nueva forma: eso no era algo que yo fuera a poder tener jamás con mi madre. Nunca pudimos tener una relación trasformada, como dos adultas. El final de su vida nos robó esa oportunidad; fue una pérdida de nuestra relación potencial que nunca podría haber anticipado en mi veintena. Súbitamente, el alivio que había sentido a causa de su muerte, por no tener que lidiar más con las interacciones difíciles que ella había creado en mi vida, fue reemplazado por la tristeza por lo que podría haber sido.

Me di cuenta de que, con esa nueva aflicción, también me estaba sintiendo más agradecida por las cosas que mi madre me había dado.

No podría haber sobrevivido a la vida académica si ella no hubiese insistido en la disciplina de practicar el piano todos los días y ver la mejora a largo plazo que es consecuencia de un trabajo duro continuo. No me hubiera desenvuelto tan bien como lo he hecho en el mundo social de no haber sido educada sobre los estándares culturales de las notas de agradecimiento, los zapatos apropiados y cómo tener conversaciones triviales, a pesar de que yo aborrecía ese entrenamiento. Me di cuenta de que mi madre estaba interesada en las habilidades que pudieran darme una ventaja en el mundo, y estaba dispuesta a hacer sacrificios para asegurarse de que yo las aprendiera. Empecé a pensar más en sus principios feministas, sembrando en mi hermana y en mí la idea que de podíamos lograr cualquier cosa que nos propusiéramos. Pensé en su capacidad de prestarnos toda su atención, y de hablarnos como si fuéramos unos seres curiosos e inteligentes, incluso siendo niñas, cuando otros padres no siempre parecen mostrar el mismo nivel de interés. Repentinamente, fui capaz de recordar con cariño cosas específicas que hacía tiempo que había olvidado sobre su afecto físico hacia mí cuando era pequeña, aunque me alejé de ese tipo de interacciones en mi adolescencia y mi juventud.

De alguna manera, llegué a pensar que, ahora que ya no estaba restringida por su forma humana, en este plano terrenal, mi madre seguramente sería las mejores partes de sí misma todo el tiempo. En algún momento me pareció que yo podría tomar los mejores aspectos de ella de ahí en adelante en mi propia vida. No es que yo no hubiera llorado su muerte antes, o que hubiera negado mis sentimientos y ahora estuvieran aflorando. Era simplemente que, a medida que me iba haciendo mayor, el modelo del proceso dual de hacer frente al duelo seguía aplicándose. Aunque sentía tristeza por su ausencia en esa nueva etapa de mi vida, continuaba adaptándome a su muerte y aprendiendo a recuperar una vida con sentido. Mi relación con ella, en el presente y en el pasado, se transformó cuando me concentré en todas las cosas buenas que ella deseaba para mí, a pesar de las dificultades que habíamos tenido a lo largo de nuestra relación.

Nuestra comprensión de nosotros mismos cambia a medida que vamos adquiriendo sabiduría a través de las experiencias. Nuestras relaciones con nuestros seres queridos vivos pueden tornarse más compasivas y llenas de gratitud a medida que nos vamos haciendo mayores. Además, podemos permitir que nuestras interacciones con nuestros seres queridos que ya han partido crezcan y se transformen, aunque sólo sea en nuestra mente. Esta transformación de nuestra relación con ellos puede afectar a nuestra capacidad de vivir plenamente en el presente y crear la aspiración de tener un futuro significativo. Además, puede ayudarnos a sentirnos más conectados con ellos, con las mejores partes de ellos. Y puede permitir que nos convirtamos en la mejor hija, o el mejor hijo, amigo, amiga, marido, mujer, padre o madre que ellos hubieran querido que fuéramos si hubieran vivido para verlo. Nuestro amor por ellos sigue estando ahí, pero debemos encontrar una forma distinta de expresarlo, una válvula de escape diferente para nuestro amor por ellos. Aunque ya no puedan beneficiarse directamente de nuestra bondad y nuestro cariño, su ausencia de nuestro mundo físico no hace que nuestra relación con ellos sea menos valiosa.

Nuevos roles, nuevas relaciones

Con mucha frecuencia, recuperar de una vida con sentido significa desarrollar una nueva relación o fortalecer un apego con alguien a quien ya conocemos. Traer a alguien nuevo a tu vida puede provocar una erupción de aflicción, incluso después de un período de relativa calma. En el disfrute de una nueva relación, la mera presencia de una persona nueva puede ser un recordatorio de la ausencia de tu ser querido. Esto requiere tiempo y que seas amable contigo mismo, y recordar que la nueva persona a la que ahora amas y la persona a la que amaste no son iguales. Tener una nueva relación amorosa, de apoyo, no significa olvidar o rechazar a la anterior. Una nueva relación está llena de cosas nuevas que debemos aprender, y debemos hacer muchos ajustes para estar presentes en la relación actual y no vivir en la realidad virtual de la anterior. Para aquellas personas que están apoyando a alguien que está pasando por un duelo, es realmente beneficioso escuchar a esa persona y darle ánimo, sin juzgarla cuando es «normal» desarrollar nuevas relaciones.

Uno de los motivos por los cuales podemos cuestionar a una nueva relación no tiene nada que ver con si es buena para nosotros, o si es satisfactoria o placentera. Los psicólogos Amos Tversky y Daniel Kahneman (ganador del Premio Nobel de Economía 2002) demostraron que los seres humanos creen que las pérdidas son dos veces más impactantes que las ganancias. Esto se denomina aversión a la pérdida, y aunque no he visto que se aplique en el contexto del duelo, creo que el concepto puede ayudarnos a entender la experiencia común de tener dudas acerca de una nueva relación. Si decidimos que estamos listos para empezar a salir con alguien, por ejemplo, o para irnos de viaje con un amigo nuevo o una nueva amiga, es posible que el tiempo que pasemos con esa nueva persona no sea muy satisfactorio. O, para ser más precisos, es posible que no sea tan satisfactorio como el tiempo que pasábamos con nuestro ser querido que ha fallecido. Es posible que no nos sintamos tan bien como esperábamos. Esperamos sentirnos bien porque estamos explorando una nueva relación, y se supone que una nueva relación es algo divertido y emocionante. Quizás esperemos sentir menos aflicción, porque hemos decidido hacer algo nuevo en nuestra vida después de un período de duelo. Pero fíjate en el listón tan alto que esas dos expectativas exigen. Si las pérdidas son dos veces más poderosas que las ganancias, entonces en una relación nueva deberíamos que sentirnos el doble de bien que en nuestra relación anterior para sentir el mismo nivel de felicidad. Tener una nueva relación simplemente no va a llenar el vacío que ya existe. Ésta es la clave: que el propósito de los nuevos roles y las nuevas relaciones no es llenar un vacío. Esperar que lo sean sólo producirá decepción.

El propósito es que, si estamos viviendo el presente, debemos tener a alguien que nos ame y nos cuide, y nosotros también necesitamos a alguien a quien amar y cuidar. Pero la única manera de disfrutar de una relación satisfactoria en el futuro es iniciando una en el presente. Si podemos imaginar un futuro en el que somos amados, entonces debemos iniciar una relación que con el tiempo será importante para nosotros de una forma distinta a nuestra relación anterior, pero gratificante y duradera. Por este motivo las relaciones de apego, con nuestros seres queridos, son distintas a otras relaciones sociales. Si nuestro jefe renuncia, o si ya no vemos a un profesor cuando finaliza un curso, hay otra persona que puede realizar ese rol. Compartimos un compromiso profundo con nuestra pareja, nuestros hijos, nuestros padres y nuestros mejores amigos. Si una figura de apego se pierde, entonces la gran confianza que invertimos en esa persona a lo largo de muchos años y a través de muchas aventuras compartidas, se pierde también. No habrá otra persona disponible que pueda desempeñar ese papel fácilmente. Tenemos que volver a hacer una gran inversión, construir una gran confianza a lo largo del tiempo y a través de experiencias compartidas. Pero eso ocurrirá si empezamos ahora.

Alzar el vuelo

Este aspecto de la adaptación posterior al duelo, de volver a crear un apego, podría compararse con otro período de nuestra vida en el que es normal pasar de una relación importante a otra. Como adolescentes, debemos aprender a depender menos de nuestros padres, a salir y explorar el mundo para encontrar una nueva relación. Buscamos una pareja que se convierta en la persona central en nuestra vida, alguien que satisfaga nuestras necesidades de apego. La mayoría de la gente reconoce que, aunque dejar el nido es una experiencia normal y necesaria, también es sumamente estresante. Cada persona necesita una cantidad de tiempo distinta para dejar el nido con éxito, y ese período puede estar lleno de riesgos y reveses. Aunque es un proceso normal, aunque estresante, también puede ir acompañado de complicaciones de salud mental como depresión, abuso de drogas, ansiedad e incluso pensamientos suicidas. Al igual que dejar el hogar, el duelo es un proceso normal que nos resulta difícil, y también es una época en la que pueden emerger problemas de salud mental, los cuales pueden aliviarse con ayuda profesional. En muchos sentidos, pienso que la transición de unos padres cariñosos a una pareja sentimental es similar a la reconexión que tiene lugar cuando una persona en duelo encuentra un nuevo interés amoroso, o un nuevo mejor amigo o una nueva mejor amiga, tras la muerte de su pareja.

Pero ciertamente, hay algunas diferencias fundamentales. Cuando estamos dejando el hogar, la mayoría de nuestros amigos están pasando por la misma transición y, por lo tanto, normalmente nos apoyamos unos a otros. Dejar el hogar también es algo bastante predecible en términos de saber aproximadamente cuándo va a ocurrir. Hay muchos sistemas sociales para ayudar a esta transición, desde dormitorios para estudiantes, o entrenamientos básicos en el ejército, hasta un año que los jóvenes pueden pasar en una misión en algunas tradiciones religiosas. En cambio, la muerte de uno de los miembros de la pareja es algo que les ocurre a algunas personas y puede ocurrir en cualquier momento a lo largo de la vida. También en nuestro cuerpo, la llegada a la mayoría de edad y dejar el hogar son dos cosas que coinciden con un período de transición específico. Las hormonas que nos motivan a correr riesgos, a explorar el mundo y a tener relaciones sexuales están plenamente activas. Dado que, a menudo, el duelo ocurre a edades más avanzadas, debemos buscar nuevas relaciones y nuevos roles sin el beneficio de tener niveles altos de hormonas motivadoras debido al envejecimiento normal.

Una última diferencia es que dejar el hogar no implica que tus padres vayan a desaparecer de tu vida. Nuestros padres continúan teniendo un papel importante posteriormente. Esto se denomina, en ocasiones, la jerarquía del apego, donde con el tiempo uno de los miembros de la pareja puede convertirse en la figura más importante en la cima de nuestra pirámide de seres queridos, pero a menudo los padres continúan estando presentes y ofreciendo una importante fuente de consuelo para nosotros en los niveles más bajos de la jerarquía. Cuando un ser querido muere, en lugar de pensar en un agujero que se crea en la pirámide, otra manera de conceptualizar el duelo es que un vínculo continuo, la representación mental de nuestro ser querido fallecido, todavía puede aparecer en la jerarquía. Sin embargo, dado que la persona fallecida no puede satisfacer nuestras necesidades de apego terrenales, nuestra relación con otra persona, u otras personas, crece en importancia. Permitir que una nueva persona se vuelva importante es bueno y saludable, y mantener un lazo mental o espiritual con nuestro ser querido fallecido también es algo que puede continuar en otro nivel distinto de la pirámide.

Cuando explico qué es una figura de apego, planteo dos preguntas. En primer lugar, ¿esta persona piensa que soy especial, y yo creo que ella es especial, en comparación con otras personas en el mundo? En segundo lugar, ¿confío en que esa persona va a estar ahí para mí cuando la necesite, y confío en que yo haría el esfuerzo para estar ahí para ella si me necesita?

Si una relación satisface esas dos preguntas, independientemente de cuál sea el rol social de esa persona, entonces probablemente nuestras necesidades de apego están siendo satisfechas. Esa persona podría ser un vecino, una hermana o un hermano, una secretaria, una mascota o una pareja. Cómo los llame la sociedad es mucho menos importante que el rol que tienen en tu vida.

¿Cuándo empezaste a amar a esa persona?

Que nuestros seres queridos no estén con nosotros es una continuación del hecho de que estuvieron con nosotros, de la misma manera en que la exhalación es una continuación de la inhalación. El hecho de que no estén aquí nos afecta, afecta a nuestra vida, a nuestras decisiones, a nuestros valores, tanto como lo hacía el hecho de que estuvieran aquí. Contener la respiración no es lo mismo que no haber respirado nunca. Entonces, también tu vida con la ausencia de tu ser querido después de su muerte no es igual que si esa persona nunca hubiera vivido. A veces pregunto, ¿cuándo comenzó tu relación? ¿Fue cuando te casaste? ¿O cuando la besaste por primera vez? ¿O cuando la viste por primera vez? Del mismo modo, ¿cuándo deja de ser parte de nosotros? ¿Cuando ya no la vemos? ¿O cuando muere? ¿O cuando la enterramos? ¿O cuando amamos a otra persona? ¿O cuando nos vamos del hogar que compartíamos? Éstas son partes del hecho de conocer a esa persona, de ser afectados por ella y de amarla, y no tienen fin.

Por muy importante que sea estudiar a las personas que están teniendo más dificultades para adaptarse a la vida después de una pérdida, también sería muy beneficioso estudiar a las personas que han creado vidas hermosas, con sentido y amorosas después de pérdidas terribles. Aunque esta resiliencia todavía no ha sido objeto de investigación en la neurociencia, en la psicología se denomina crecimiento postraumático. Las personas que han experimentado un gran creci- miento tienen mucho que enseñarnos, y su cerebro puede tener un papel importante, desde la forma en que procesan las cosas que les re- cuerdan al ser querido hasta la forma en que se vuelven amorosas, compasivas y eficaces en sus vidas actuales.

CAPÍTULO 11

Enseñar lo que has aprendido

Ahora ya sabes que el duelo es una forma de aprendizaje. El duelo agudo insiste en que aprendamos nuevos hábitos, ya que nuestros viejos hábitos incluían automáticamente a nuestro ser querido. Cada día, después de su muerte, nuestro cerebro es transformado por nuestra nueva realidad, de la misma manera en que las neuronas de los roedores tenían que aprender que debían dejar de activarse cuando la torre azul de LEGO era retirada de su caja. Nuestro pequeño ordenador gris debe actualizar sus predicciones, ya que no podemos continuar esperando que nuestro ser querido llegue a casa a las seis de la tarde después del trabajo, o que responda al teléfono cuando le llamamos para darle una noticia. Aprendemos que nuestro ser querido no existe en las tres dimensiones de *aquí, ahora* y *cerca* que estamos esperando. Descubrimos nuevas maneras de expresar nuestros vínculos continuos, transformando cómo es *cerca* porque, aunque nuestro ser querido permanece en la epigenética de nuestro ADN y en nuestros recuerdos, ya no podemos expresar nuestro cariño hacia esa persona en el mundo físico o buscar el contacto físico reconfortante.

Aunque es posible que todavía le hablemos y vivamos de una forma que haría que esa persona se sintiera orgullosa, debemos hacerlo siendo conscientes de que estamos en el momento presente. En lugar de imaginar una realidad alternativa de *¿qué hubiera pasado si...?*, tenemos que aprender a conectar con ella con los pies firmemente en el presente. Esta relación transformada siempre estará cambiando a través de los meses y los años. La relación con nuestro ser querido fallecido debe reflejar quiénes somos ahora, con la experiencia, y quizás incluso la sabiduría, que obtuvimos mientras estábamos en duelo. Debemos aprender a recuperar una vida con sentido.

Cuando digo que la aflicción es una especie de aprendizaje, no me refiero a aprender algo fácilmente. Esto no es como dominar una habilidad específica como montar en bicicleta, aprendiendo a mantener el equilibrio y a utilizar los frenos. Este tipo de aprendizaje es como viajar a un planeta extraterrestre y aprender que el aire no se puede respirar y que, por lo tanto, tienes que acordarte de llevar oxígeno contigo todo el tiempo. O que el día tiene treinta y dos horas, aunque tu cuerpo sigue funcionando como si tuviera veinticuatro. La aflicción cambia las reglas del juego, unas reglas que tú creías que conocías y has estado utilizando hasta ahora.

Dado que el cerebro está diseñado para aprender, pensar en la aflicción desde la perspectiva del cerebro puede ayudarnos a entender por qué y cómo ocurre la aflicción. El cerebro tiene múltiples canales de información que pueden llegar a la conciencia. Podemos experimentar la añoranza de nuestro ser querido, el deseo de buscarlo, la creencia de que regresará. Esto se ha arraigado en nosotros a través de la evolución, a través de la genética y del hábito de estar juntos. Además, tenemos recuerdos de la persona fallecida, recuerdos de su muerte o de habernos enterado de la noticia de su muerte, recuerdos de todos los hechos que ocurrieron durante el primer año de duelo, la primera vez que hicimos algo en ausencia de nuestro ser querido. También podemos traer esas cosas a nuestra mente. Por último, podemos traer nuestra atención al presente, el cual puede ser vibrante y estar lleno de posibilidades. Podemos simplemente descansar en este momento, simplemente en esto. Nada más. Cuando nos permitimos un momento para descansar y darle a nuestro cerebro la oportunidad de practicar la experiencia de simplemente ser conscientes de lo que nos rodea, ese estado mental o patrón de conexiones neurales puede ser alcanzado en cualquier momento, en cualquier lugar. Ese estado de *mindfulness* no es mejor que las ensoñaciones de recuerdos agradables o el estado de añoranza que ejemplifica nuestro vínculo. Pero la habilidad de cambiar cuando necesitamos un descanso, incluso si es sólo por un momento, puede ayudarnos a enfrentar la insoportable realidad de la pérdida. Si nos regalamos ese momento, es posible que encontremos oportunidades en el presente, incluso cuando menos lo esperamos. Si somos conscientes del presente y somos capaces de reconocer su valor, esa oportunidad de conexión y alegría no se pasará de largo sin que nos percatemos.

Lo que la ciencia sabe sobre el aprendizaje

Décadas de investigación psicológica nos han proporcionado información acerca de la forma en que el cerebro aprende, y podemos aplicar esa información al proceso del duelo. Los psicólogos han definido el aprendizaje como «el proceso por el cual surgen cambios en el comportamiento como resultado de las experiencias que tenemos interactuando con el mundo».[59] Aunque la capacidad de aprender y el funcionamiento cognitivo abarcan una amplia gama de habilidades, incluso dentro de la población normal, podemos decir que, en los términos más amplios, el aprendizaje mejora nuestra capacidad de adaptación. Lo maravilloso acerca del aprendizaje es que es una capacidad, y podemos incrementar esa capacidad. Nuestro cerebro tiene una plasticidad que podemos utilizar para aprender. La psicóloga Carol Dweck lo llama una mentalidad de crecimiento.[60] Todos tenemos diferentes capacidades cognitivas, pero, aun así, tenemos la misma oportunidad de aprender. Quienes tienen muy pocos conocimientos previos pueden ser expuestos a nueva información, o a una educación en la aflicción. Quienes tienen un trastorno del duelo pueden recibir *feedback* en psicoterapia acerca de la forma en que la rumiación y la evitación podrían

---

59. S. J. E. Bruijniks, R. J. DeRubeis, S. D. Hollon y M. J. H. Huibers (2019), «The potential role of learning capacity in cognitive behavior therapy for depression: A systematic review of the evidence and future directions for improving therapeutic learning», *Clinical Psychological Science* 7/4, pp. 668-692, https://doi.org/10.1177/2167702619830391

60. C. S. Dweck (2006), *Mindset* (Nueva York: Random House).

estar afectando a su capacidad de aprender. Como amigos cercanos y familia, podemos dar a las personas que están en duelo la oportunidad, el espacio, la amabilidad y el ánimo que necesitan para practicar nuevas formas de vivir y entender las cosas de una forma nueva.

Una de las claves para la mentalidad de crecimiento es probar nuevas estrategias cuando sentimos que estamos estancados, que no estamos aprendiendo nada nuevo acerca de la experiencia de la pérdida. Inicialmente, en la aflicción aguda, simplemente tratamos de mantenernos en pie, de poner un pie delante del otro, y esperamos que esos pies estén usando zapatos iguales. Con el paso del tiempo, el hecho de estar estancados suele hacer que sintamos simplemente estamos haciendo cosas. Estar estancados significa que no somos capaces de ser creativos, o sentir amor, o ayudar a otras personas. Las nuevas estrategias para aprender durante este momento del duelo significa tener un repertorio, una serie de cosas que podemos probar cuando nos sentimos abrumados por las oleadas de tristeza o abrumados por la nueva realidad estresante que estamos viviendo. Podemos utilizar las mismas herramientas que usaron otras personas antes que nosotros.

Sentir aflicción por la pérdida de un ser querido es algo tan antiguo como las relaciones humanas, y esa universalidad nos conecta con nuestros ancestros y con nuestra comunidad actual. Extrapolando lo que escribe Dweck, si te das cuenta de que estás diciendo «No soy capaz de adaptarme a la vida después de la pérdida», trata de añadir la palabra *todavía* a esa frase. La frustración al aprender cosas sobre tu nueva realidad, la desesperación de que nunca serás capaz de crear una vida restaurada, son sentimientos que se crean cuando tu cerebro está creciendo y cambiando. Tu cerebro está descubriendo lo que funciona y lo que no funciona. Si sientes que estás manteniéndote a flote, o apenas evitando hundirte, es hora de probar algunos nuevos enfoques para tus recuerdos, tus emociones y tus relaciones. Aprender cómo otras personas han recuperado una vida con sentido puede proporcionarte nuevas cosas para probar. El pastor de tu iglesia, tu abuela, tu escritora o bloguera favorita, un psicólogo; consulta con alguien nuevo, con quien todavía no hayas hablado de tu experiencia personal con el duelo. Pregúntale cómo hicieron para afrontar algo así, o incluso cómo hacen todavía para afrontarlo. Prueba esos nuevos enfoques, prueba lo que funcionó para ellos, incluso si te parece una locura, y luego presta atención a lo que funciona, lo que hace que te sientas mejor en el momento, en el presente. Incluso si ninguna de sus ideas funciona, al menos quizás te sientas más conectado a alguien, a la humanidad. Y como conexión es parte de lo que falta en una vida golpeada por la aflicción, ahí hay una oportunidad.

Aflicción para principiantes

Enseño lo que he aprendido acerca de la aflicción en un curso llamado «Psicología de la muerte y la pérdida» que doy a estudiantes en su primer o último año de universidad. Me encanta impartir ese curso y, a todas luces, a ellos les encanta recibirlo. Esto quizás te sorprenda, porque la muerte y la pérdida no parecen ser temas sobre los que una persona joven elegiría pasar dieciséis semanas pensando, hablando y escribiendo. En cuanto a mí, un alumno me dijo en una ocasión que yo era «demasiado feliz» para estar enseñando ese curso. Quizás esperaban que pareciera estar deprimida o que vistiera de negro todo el tiempo, y el simple hecho de que me sienta cómoda en el podio hablando acerca de la muerte les sorprende. Yo no suavizo lo que estoy comunicando y en más de una ocasión se me han llenado los ojos de lágrimas mientras hablaba de la muerte de un niño o de un genocidio, y mis alumnos probablemente oyen las palabras *muerte* y *morir* durante un semestre en mis clases que en todos sus años de carrera universitaria.

Pero nuestras conversaciones profundizan en cosas reales de la vida, y los jóvenes están deseosos de hablar sobre esas cosas, y buscan respuestas. Me hace mucha ilusión entrar en una aula magna en la que hay 150 pupitres, y nunca sé muy bien a dónde nos llevará la conversación. Esos estudiantes universitarios siempre me sorprenden por la cantidad de vida y muerte que ya han experimentado. Un perturbador número de ellos ha tenido un amigo que se ha suicidado. Muchos han ayudado a cuidar a familiares de la tercera edad y les han brindado cuidados paliativos en su casa. Algunos de ellos han trabajado como voluntarios para apoyar a niños afligidos o se han formado como técnicos en emergencias médicas (TEM).

Hablamos de cómo es la aflicción aguda, y más de un alumno ha contado que la única vez que vio a su padre llorar fue después de la muerte de un miembro de su familia. Aplicamos información sobre el desarrollo cognitivo de los niños para entender cómo la comprensión de la naturaleza abstracta de la muerte cambia a medida que van creciendo. Les enseño cómo tener una conversación con un amigo que podría estar considerando el suicidio y qué hacer si ése es el caso. Durante las vacaciones de Acción de Gracias, ellos explican en sus hogares cómo crear un testamento en vida a sus padres o sus abuelos, o para ellos mismos, y practicamos cómo preguntar a los miembros de la familia qué cosas son importantes para ellos en lo referente a loss cuidados al final de la vida.

Después de los tiroteos ocurridos en un concierto en Las Vegas en 2017, una alumna me preguntó si podíamos hablar de ello en clase. Luego, en el aula dijo que estaba aterrada. Varios de los estudiantes tenían amigos que habían asistido al concierto, y yo sabía que tendría que cambiar el contenido de mi clase para ese día. En lugar de lo previsto, hablamos de su experiencia, de cómo es el miedo a la muerte para ellos en el mundo moderno y cómo podrían manejar su terror en parte si se concentran en las personas que actuaron con un heroísmo increíble.

Una de mis discusiones favoritas es sobre un experimento con el pensamiento que hacemos en el último día de clases. Les comunico la noticia de último minuto de que la ciencia médica acaba de crear una pastilla que podemos tomar para vivir eternamente. Luego les pregunto qué cambiaría para ellos si fueran inmortales. ¿Qué harían de una forma distinta en su vida? Consideramos una serie de variantes: en esa realidad alternativa, ¿seguirían enfermando las personas, o envejecerían? Pero ésos son sólo detalles. Las respuestas más importantes son acerca de cómo eso cambiaría sus planes. Algunos de ellos me dicen que dejarían la universidad, porque podrían obtener un título en cualquier momento. Otros me dicen que conseguirían múltiples títulos, ya que tendrían el tiempo para hacerlo y tienen muchos intereses. Hay un gran debate en torno a la probabilidad de que tuvieran más o menos hijos. ¿Querrían conocer a todas las personas que hay en el mundo, ya que tendrían el tiempo para hacerlo? ¿Qué significaría esta nueva realidad para los gobiernos, para las negociaciones de paz, para la ayuda extranjera?

Cuando la alborotadora conversación llega a su final, les señalo a mis alumnos las sorprendentes implicaciones. Lo que hagan con su vida está estrechamente ligado a su mortalidad. La naturaleza finita de nuestra vida afecta a lo que hacemos, a lo que valoramos, a la forma en que nos comportamos. Aunque los estudiantes nunca incluyen explícitamente en sus decisiones y en sus elecciones el hecho de que la vida tiene un límite de tiempo y su duración nos es desconocida, el haber visto a través de nuestro experimento del pensamiento cómo un cambio en esa realidad afecta a lo que hacen, pone en perspectiva el hecho de que la muerte nos impacta cada día. La muerte le añade significado a la vida, porque la vida es un regalo limitado. Siempre cierro la clase leyéndoles una cita del gran maestro zen Dogen: «La vida y la muerte son de suprema importancia. El tiempo pasa rápidamente y se pierden oportunidades. Cada uno de nosotros debería esforzarse para despertar. ¡Despierta! Presta atención, no malgastes tu vida».

No se aprende de los consejos

Lo que yo enseño no son consejos acerca de qué hacer. Tampoco pienso que otras personas puedan dar consejos a alguien que está en duelo. Quizás te sorprenda oír a una psicóloga clínica decir esto, pero el conocimiento no funciona de esta forma. Otras personas no pueden decirnos cómo va a ser la aflicción para nosotros. De hecho, creo que los consejos son exactamente lo que hace que las personas en duelo mantengan a cierta distancia a las personas que quieren ayudarlas. Las personas son expertas en su propia aflicción, en su propia vida y en sus propias relaciones. Como científica, soy experta en la aflicción en general, en promedio. Puedo exponer a las personas a muchas formas de pensar en la aflicción. Puedo exponerlas a la evidencia científica que muestra que, aunque históricamente hemos pensado que la aflicción se desarrollaba en etapas, ahora sabemos que no es así en absoluto. Puedo exponerlas a los conceptos que guían a la psicoterapia para aquellas personas que tienen un duelo desordenado, o los pensamientos habituales sobre la aflicción en las que se quedan estancadas. Puedo mostrarles que la aflicción es como el aprendizaje y explicarles lo que ayuda o lo que obstaculiza nuestra capacidad de aprender. Como ser humano, puedo compartir con ellas cosas personales que he hecho en momentos en los que me sentía abrumada por la aflicción, o en ocasiones en las que no estaba abrumada y sentía que era estigmatizada por ello. Una gran parte de lo que hace la psicoterapia es dar a la gente la oportunidad, la valentía y la posibilidad de experimentar sus emociones, sus relaciones y sus pensamientos interiores de una manera distinta a como lo habían hecho antes.

No puedo decirle a nadie cómo sus valores y sus creencias alimentan lo que debería hacer con su vida. Tú ya estás en tu vida recientemente restaurada, lleno de amor, de aflicción, de sufrimiento y de sabiduría. Lo único que puedo hacer es animarte a permanecer en el presente e intentar aprender de lo que ocurre cada día, y aprender de lo que funciona para ti. Creo en tu capacidad de resolver tus problemas y tener una vida con sentido después de haber experimentado una pérdida devastadora.

Lo que he aprendido

Cuando recuerdo los momentos que rodearon a la muerte de mi madre, me transporto al antiguo hospital de mi ciudad. Después de ese horrible vuelo a Montana que era reacia a tomar, me dirigí directamente ahí. Al pensar en su muerte en los años siguientes, mis recuerdos de esa habitación de hospital activaban pensamientos dolorosos acerca de su sufrimiento, su ansiedad, su depresión y las conversaciones llenas de culpa que tuvimos en los meses anteriores a su fallecimiento. Durante mucho tiempo, mis pensamientos iban directamente a lamentarme por no haber sido más paciente con ella, más comprensiva. Mis pensamientos eran de vergüenza por no haber pasado suficiente tiempo con ella. Pero en los años recientes, cuando pienso en su muerte, recuerdo cuando entré en esa habitación de hospital al llegar y descubrir que había entrado en un estado comatoso. Su rostro, tan familiar, estaba ceroso y amarillento, una combinación de los efectos de años de quimioterapia y el hecho de que su hígado había dejado de funcionar. Pero lo más sorprendente, lo que me llamó la atención, y lo que recuerdo ahora, es que no había ni una sola arruga en su frente. Estaba completamente lisa, a diferencia del característico ceño fruncido que solía tener en vida, un reflejo de su agitación interior. En sus últimas horas en este mundo, pareció haber encontrado la paz. No me necesitó para encontrar la paz al final de su vida.

Entrar en contacto con la muerte cuando perdemos a un ser querido puede ser abrumador. Puede llenarnos de asombro, y puede hacer que reevaluemos nuestra visión del mundo, de nuestra vida y de nuestras relaciones. La muerte nos cambia, y no podemos interactuar con el mundo de la misma manera en que lo hacíamos antes. Si ahora comprendemos, de una forma profunda y verdadera, que las personas que amamos pueden desaparecer para siempre, eso cambia nuestra forma de amar, las cosas en las que creemos y lo que valoramos. Esa reevaluación es una forma de aprendizaje. Entrar en contacto con un gran sufrimiento, experimentar la desolación de desear desesperadamente que tu ser querido esté aquí como solía estarlo y sufrir la realidad de que ése ya no es el caso puede resultar abrumador. Estas experiencias forman parte de la naturaleza del nacer y el vivir. La muerte nos separará de nuestros seres queridos, a pequeña y gran escala. Pasar por esos momentos dolorosos también puede unirnos. Cuando has experimentado una pena profunda, conectas con toda una comunidad de personas a las que, de otra forma, nunca hubieras conocido y con las que no habrías empatizado. Y, sin embargo, estás aquí, lo has superado, con un conocimiento de ti mismo y un cerebro maravilloso que puedes utilizar para construir un nuevo mundo y explorarlo.

Agradecimientos

Aunque me he convertido en una experta en este campo, reconozco que era una novata en lo que respecta al negocio editorial, y me siento muy agradecida con las personas que me animaron y me mostraron cómo funciona este negocio. En primer lugar, quiero expresar mi profundo agradecimiento a mi agente, Laurie Abkemeier, quien me dio una oportunidad y respondió innumerables preguntas con un conocimiento profundo del negocio y con una rapidez que fue muy tranquilizadora para una ansiosa autora primeriza. Ella, y todos los que trabajan de DeFiore and Company, conocía en profundidad, no sólo los problemas a los que se enfrenta una académica convertida en autora, sino también los problemas subyacentes de justicia social que influyen en quién y qué llega a ser publicado, lo cual me impresionó mucho. A mi editora, Shannon Welch, quien se llegó a apasionar con este libro y lo defendió contra viento y marea en plena pandemia. Estoy muy agradecida por haber encontrado una editora que realmente entendía la finalidad de esto y además estaba dispuesta a hacer comentarios y sugerencias detallados y reflexivos. Gracias a mi segundo editor, Mickey Maudlin, quien aparecía en las últimas horas cuando era necesario y logró que el libro cruzara la línea de meta. Además, Aidan Mahony, Chantal Tom y todo el equipo de HarperOne fueron sumamente profesionales. Gracias a Kent Davis, pues sin su apoyo inicial yo nunca hubiera presentado la idea de este libro a un agente literario. A Anna Visscher, Andy Steadham, Dave Sbarra y Saren Seeley, quienes leyeron la totalidad del primer borrador: os agradezco vuestro tiempo y vuestros amables comentarios sobre lo que funcionaba bien y lo que necesitaba ser mejorado. A todos los colegas académicos que leyeron párrafos o secciones sobre su propio trabajo: estoy impresionada por vuestra generosidad al contribuir a la comunicación de la ciencia. Gracias a Tanja del café NOEN de Utrecht, quien me servía un delicioso café y unos sabrosos bocadillos hechos con un pan increíble, y lo que es más importante, me proporcionó un sitio para escribir y una cálida sensación de camaradería cuando yo era una extraña en Holanda. Al grupo del juego de Trivial: mil gracias por esas noches de los jueves y esas tardes de los sábados. A todos mis alumnos del laboratorio de Aflicción, Pérdida y Estrés Social (GLASS, en sus siglas en inglés): la actitud responsable de nuestro grupo de escritura me permitió escribir a pesar de tener muchas otras tareas importantes que realizar. Un profundo agradecimiento a mi hermana mayor, Caroline O'Connor, y a mi mejor amiga, Anna Visscher, quienes han estado apoyándome a lo largo del camino, en todos los acontecimientos de mi vida, y por haber respondido a mis llamadas telefónicas a cualquier hora del día o de la noche. A Jenn, gracias por todos estos buenos años. A Rick, mi más profundo agradecimiento por haberme seguido alrededor del mundo mientras yo escribía y por haber vivido juntos nuestras vidas austeras. A mis padres: os estoy agradecida por vuestra infinita confianza en mí y por haber compartido el hermoso proceso de vuestra vida y vuestra muerte. Por último, a las personas que están pasando por un duelo y que han compartido sus historias conmigo a lo largo de muchos años, admiro vuestra perseverancia ante una gran pérdida y vuestra disposición a participar en un proceso científico que nos permite conocer el interior de vuestra mente, vuestro cerebro y vuestro espíritu.

Índice analítico

Índice